知识生产的原创基地
BASE FOR ORIGINAL CREATIVE CONTENT

颉腾商业
JIE TENG BUSINESS

洞察型组织

如何识别企业兴亡的弱信号

[美] 乔治·S. 戴　　保罗·J. H. 休梅克 ◎著
（George S. Day）　（Paul J. H. Schoemaker）

王正林 ◎译

PERIPHERAL VISION

DETECTING THE WEAK SIGNALS THAT WILL
MAKE OR BREAK YOUR COMPANY

中国广播影视出版社

图书在版编目（CIP）数据

洞察型组织：如何识别企业兴亡的弱信号 /（美）乔治·S.戴,(美)保罗·J.H.休梅克著；王正林译. -- 北京：中国广播影视出版社, 2023.3
书名原文：Peripheral Vision：Detecting the Weak Signals that Will Make or Break Your Company
ISBN 978-7-5043-8986-2

Ⅰ.①洞… Ⅱ.①乔… ②保… ③王… Ⅲ.①企业管理—风险管理—研究 Ⅳ.①F272.35

中国国家版本馆CIP数据核字(2023)第030394号

Title: Peripheral Vision: Detecting the Weak Signals that Will Make or Break Your Company , by George S. Day and Paul J. H. Schoemaker
Original work copyright © 2006 George S. Day and Paul J. H. Schoemaker
Published by arrangement with Harvard Business Review Press
Simplified Chinese edition copyright © 2022 by Beijing Jie Teng Culture Media Co., Ltd.
All rights reserved. Unauthorized duplication or distribution of this work constitutes copyright infringement.

北京市版权局著作权合同登记号 图字：01-2022-4427 号

洞察型组织：如何识别企业兴亡的弱信号
[美]乔治·S. 戴（George S. Day）　保罗 J.H. 休梅克（Paul J. H. Schoemaker）　著
王正林　译

策　　划	颉腾文化
责任编辑	何　军　田可心
责任校对	龚　晨

出版发行　中国广播影视出版社
电　　话　010-86093580　010-86093583
社　　址　北京市西城区真武庙二条9号
邮　　编　100045
网　　址　www.crtp.com.cn
电子信箱　crtp8@sina.com

经　　销　全国各地新华书店
印　　刷　涿州市京南印刷厂

开　　本　640毫米×910毫米　1/16
字　　数　163（千）字
印　　张　16
版　　次　2023年3月第1版　2023年3月第1次印刷

书　　号　ISBN 978-7-5043-8986-2
定　　价　79.00元

（版权所有 翻印必究·印装有误 负责调换）

谨以此书献给我的家人,你们保留了玛丽莲的传统。

——乔治·S. 戴

谨以此书献给乔依斯,她一直有双关注外围的慧眼。

——保罗·J. H. 休梅克

行业赞誉

《洞察型组织：如何识别企业兴亡的弱信号》应当是任何专为高级管理者设计的创新课程中的必读书目。本书中介绍的概念获得了管理者们良好的反馈，这毫无疑问帮助他们提高了批判性思维能力并显著拓展了外围视野。

——美国地区性银行 BB&T 集团董事会主席和 CEO

约翰·阿里森（John Allison）

随着新技术的问世和竞争对手的涌现，管理者和各公司必须培养新的方式来解读外围的弱信号。这本书提供了一个大胆实用且富有想象力的框架，以重新设计和塑造我们感知、筛选及应对身边众多威胁与机遇的方式。

——宝洁公司 (P&G) 负责创新与知识的前副总裁

拉里·休斯顿（Larry Huston）

今天的管理者一直惴惴不安，因为他们知道，来自最意想不到的地方的威胁和机遇随时有可能令他们措手不及。戴和休梅克开创性地构建了一个综合框架来缓解这种焦虑。这本书以简单的、合乎逻辑的和可操作的方式介绍了一种系统方法,以便将战略思维的工作扩展到传统模式之外。这是一本管理者急需的书。

——富达投资(Fidelity Investments)执行副总裁

桑吉夫·米尔查达尼(Sanjiv Mirchandani)

戴和休梅克的外围视野框架是革命性的,它不仅揭示了组织瘫痪的原因,还提供了一个简单的方法和工具集来消除企业的隧道视野。这正是企业领导者们应对"未知之谜"需要的自制工具包。这本书为自我诊断提供了一份优质的调查,并就如何加强关键的组织能力给出了实用的建议,这样一来,你就不会再被蒙蔽了。这对处于维护模式的组织领导者以及那些参与初创企业和新兴市场的领导者来说非常重要。这是一本培养未来领导者的必读书籍。

——飞利浦电子(Philips Electronics)

固态照明事业部副总裁和总经理

戈维·拉奥(Govi Rao)

所有的企业领导者都知道专注和执行至关重要;《洞察型组织:如何识别企业兴亡的弱信号》这本书提供了独特的洞察力,让你了解如何挖掘组织中处在你关注范围之外的大好机会。

——纽约人寿保险公司(New York Life Insurance Company)

美国区保险业务执行副总裁

马天德(Ted Mathas)

导言

缩小洞察差距的
7步法

即使你专注地经营企业,也会不可避免地面对来自外围的一连串的弱信号。你的公司在亚太地区的销售主管可能传播一则关于某位新竞争对手的谣言,令你深感不安;抑或你在报纸上读到,一些先驱者在皮肤下植入了无线射频识别(RFID)标签,以便紧急情况下对外界发送他们的身份和医疗数据;也许你还了解到一位愤愤不平的客户在Web日志(博客)上的吐槽正引起人们的关注。这些信号对你的企业意味着什么?在周围的众多弱信号中,哪些值得你关注,哪些是你可以放心大胆地忽略的?随着企业外围的复杂性不断增大以及外围的变化速度日益加快,外围视野能力的高低对于企业成败乃至生存变得至关重要。然而,从本质上讲,外围视野缺乏清晰度,因为它是不确定的、反复无常的。关键是要迅速发现相关的信号并进一步探索它们,过滤掉噪声,在竞争对手之前抓住机会,或者在小问题恶化为大问题之前就发现早期的迹象。你的组织能胜任这项工作吗?

大多数组织缺乏必要的外围视野。为写好这本书,我们开发了一项战略视野测试（Strategic Eye Exam），邀请全球各地的企业高管参加测试。结果，超过80%的高管认为他们公司的外围视野能力无法满足公司的需要。这种能力的不足表现在洞察性的缺失上。你的组织有多么洞察？也就是说，在过去5年里，你有多少次对影响力巨大的事件感到无比震惊？一项针对140名企业战略家的调查发现，足足有2/3的人承认他们的组织在过去5年里曾对多达3次影响巨大的竞争性活动感到震惊。此外，97%的受访者认为他们的公司没有建立任何预警机制来防范将来可能出现的此类意外情况。

虽然个人的眼睛具有一个高度发达的外围视野系统，但长期以来，大多数组织只重点关注手头的任务。这种强烈的关注也许有利于提升短期的业绩，但可能不利于组织的长期生存，尤其是当环境发生了改变的时候。不相干的和分散注意力的噪声也许掩盖了本应警惕的弱信号。如果处在组织边缘的某个人意识到了某个预警信号的重要性，那么组织中的其他人会接受或理解这个预警信号吗？将你过去感到过震惊的事件单独挑出来，也许在你的组织或更广泛的关系网中有人知道（这个事件）。但是，你不知道他们已经知晓了，他们也不知道你需要知晓。良好的外围视野不仅仅是感知，还包括要知道更仔细地观察什么地方和领域，懂得如何解读弱信号，以及知道在信号仍不明确时怎样采取行动。

在一个高度连接的世界，哪怕是微弱的震动也可能产生巨大反响——从那些对自己的行业越来越不受欢迎感到震惊的制药企业高管，到由于来自其他国家的低成本竞争而心烦意乱的制造商，再到那些未能发现在线搜索引擎的潜力，直到被谷歌打败的众多互联网服务提供商。这些问题，刚开始也许只是外围中的一个小问题，但很快就会成为核心问题。这些情况太常见了。它们可能导致悲剧性后果，也可能带来更加积极的全新见解，如英国细菌学家费莱明（Fleming）发现青霉素。

我们发展外围视野的方法

本书从一个具有挑战性的提问开始：管理者和他们的组织如何才能培育一种卓越的能力，识别来自外围的弱信号，并对其采取行动，以防追悔不及？我们最初是在沃顿商学院（Wharton School）的麦克技术创新中心（Mack Center for Technology Innovation）对新兴技术进行研究时寻找答案的。2003年5月，我们召集一群杰出的思想领袖，组织了一场关于外围视野的会议。[1]这次会议及随后推出的《长远规划》（Long Range Planning）特刊，使我们对这个问题的思考更加敏锐，并且提出了一些重要的新问题。在这些探索中我们发现，外围视野这个隐喻是理解组织[2]边缘错综复杂且常常令人感到困惑的模糊区域的强大透镜。

这本书使用视野的隐喻，借鉴了我们对最佳实践及外围视野的"下一个实践"的研究。我们通过观察一些成功和失败的具体案例来

---

[1] 请参阅"致谢"部分，其中列出了在这一趟理解之旅中帮助我们的杰出学者和从业者的名字。
[2] 本书中"组织"一词，是对"公司＋机构＋（非营利）组织＋社群团体"等概念的合称。

了解外围的变化——从美味烘焙公司（Tasty Baking）如何澄清关于低碳水化合物食物的令人困惑的信号，到贝兹娃娃（Bratz）怎样察觉年轻女孩们想要推翻芭比娃娃宝座的态度变化，到殡葬师如何回应市场对更具个性化的服务的需求，再到 LED 照明的兴起给照明行业带来的挑战等。我们借鉴了战略、市场营销、组织理论、创新和新兴技术管理、行为决策理论、认知科学等领域，以及技术扫描、竞争情报和营销研究等应用领域的洞见。最后，我们还在本书中加入了一项诊断检查，以便你评估自己的组织对外围视野的需求及当前的实际能力（参见附录 A）。

为了帮助改进外围视野，我们特别研究了潜在的组织过程与能力。我们的方法借鉴了信息处理和组织学习的一般模型（参见附录 B），但特别关注来自外围的模棱两可的和不确定的信号。这使得我们研发了一个理解和增强外围视野的 7 步流程，如图 I-1 所示。

前 5 个步骤侧重于直接改进接收、解释和处理来自外围的弱信号的过程。第 1 步是界定范围，涉及观察范围有多广泛和要解决哪些问题（第 2 章）。看到所有的东西，就相当于什么也没看到。管理者可以使用一组引导性问题，确保关注焦点不会太过宽泛或狭窄，避免被太多的信息淹没或者错过重要的部分。在界定了初始的观察范围后，第 2 步是怎样在选定的区域内进行搜索（第 3 章）。搜索的重点是应当充分利用较熟悉的领域，还是有意识地探索未知的领域？如果是为了窥探外围的新领域，管理者必须采用不同的搜索策略。第 3 章提供了在不同的外围部分检测信号的工具和方法，这些不同的外围部分包括公司内部、客户群体和竞争对手、新兴技术领域、影响者和塑造者。管理者应当如何在约定的范围内进行搜索？

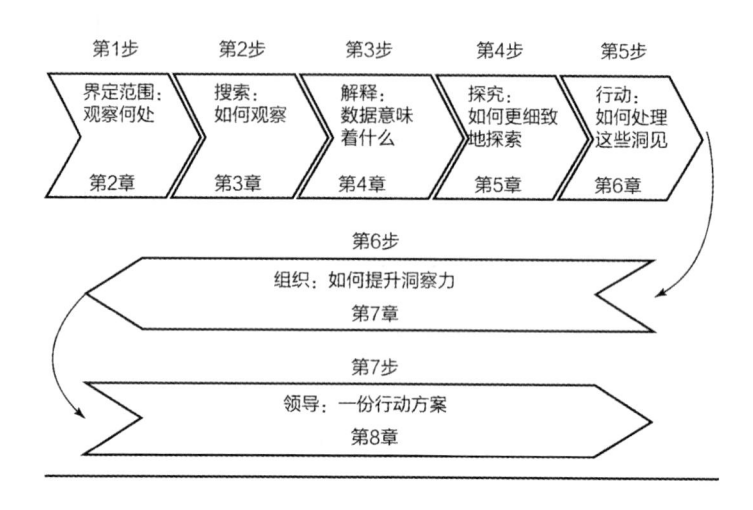

第1步	第2步	第3步	第4步	第5步
界定范围：观察何处	搜索：如何观察	解释：数据意味着什么	探究：如何更细致地探索	行动：如何处理这些洞见
第2章	第3章	第4章	第5章	第6章

第6步　组织：如何提升洞察力　第7章

第7步　领导：一份行动方案　第8章

图 I-1　缩小洞察差距的 7 个步骤

一旦组织在具有发展前景的领域内进行搜索，第 3 步就是弄清楚发现了什么（第 4 章）。在人类的视野中，外围信号缺乏颜色或清晰度。一个组织要怎样将点点滴滴联系在一起，并解释它从外围中搜集到的线索？什么样的认知和组织偏见可能成为搜索的障碍？在其他的各种策略中，可以通过不同的观点来强化对弱信号的解释——类似于三角定位的过程，以拓展观察的深度和视角。

在初步解释的基础上，第 4 步是进一步探究，以了解更多关于外围的知识并形成更好的观点（第 5 章）。这需要构建良好的假设并知道如何测试，以确认（或否定）它们。第 5 步是组织必须决定是否及如何对来自外围的信号采取行动（第 6 章）。有时候威胁或机会的性质要求组织采取果断行动，即使面临高度的不确定性，也要毫不犹豫。但从实物期权①的角度来看，对于外围发出的模糊信号往往需要更谨慎、更慎重地回应。

第 1 步至第 5 步侧重于改进外围视野的过程，第 6 步和第 7 步的侧重点是建立更广泛的组织能力和领导能力来支持外围视野。第 6 步使这个过程成为组织结构和文化的组成部分，帮助系统地磨炼真正洞察型组织所需的组织能力（第 7 章）。最后，尽管组织中的每个人都可能在外围视野中发挥作用，但我们的调查清楚地揭示了领导者的关键作用。如何培育那种促进组织好奇心的领导能力是第 7 步的挑战，这将在第 8 章中讨论。第 6 步和第 7 步影响并塑造了其他所有步骤。

期望和洞察性

以下章节将逐步向你展示如何应用这些及其他的洞察来改进自己组织的外围视野。我们从外围调查中获得的重要洞见包括以下内容。

- 你必须提出正确的问题，以确定你不知道什么，这样才能探索你公司的外围。
- 你必须平衡好主动搜索和溅射视野（即非定向搜索），以深入探

---

① 实物期权（Real Options），是指把金融市场的规则引入企业内部战略投资决策，用于规划和管理战略投资。

究这些聚焦的问题。
- 你必须经常确定新的信息源或新的搜索方法，以揭示重要但隐秘的外围部分。
- 你可以采用多种方法来运用"三角定位法"，以帮助澄清外围的模糊信号并解释外围中的含混信号。
- 你必须经常积极地刺激和探究，以了解更多关于特别有前景的或者构成威胁的信号。
- 虽然你偶尔必须作出坚定的承诺，但也许还必须保持灵活性，掌握一个合理的战略选择组合。
- 外围视野是任何组织都可以发展和加强的能力，就像人能够提升自己的能力一样。
- 卓越的外围视野需要具有战略远见的领导树立榜样，鼓励分享见解和关切。

尽管我们的 7 步过程可以增强组织的外围视野，但请记住，外围并不简单。有效的外围视野并不能归结为一个标准的线性配方，这需要实践、专注和经验丰富的判断。理解外围也不是遵循某个公式，而是要提出正确的问题并对它们进行适当的反思。它不是关于预测的，而是关于预期和洞察的。这本书将加深你的战略洞察力并鼓励你超越目前的参考框架。它会促使你去了解自己组织的盲点。这种努力是值得的。卓越的洞察力有助于你更快地预测风险和发现机会，同时获得比竞争对手更加有利可图的优势。

致谢

我们感谢无数人在这本多学科书籍的出版过程中提供的帮助，从学生到同事，从企业领导者到编辑等。我们不可能在这里一一感谢他们，但要点名感谢其中一些人。

我们的这本书源于在 2003 年 5 月组织的一个主题为"外围视野"的会议。它由沃顿商学院的麦克技术创新中心赞助，汇聚了一批杰出的高管和思想领袖。演讲者包括密歇根大学著名学者 C.K. 普拉哈拉德（C.K. Prahalad）和沃顿商学院的西德尼·温特（Sidney Winter）以及其他一些商界人士，如施乐帕克研究中心的约翰·西利·布朗（John Seely Brown）、麦肯锡咨询的理查德·福斯特（Richard Foster）、IBM 的史蒂夫·黑克尔（Steve Haeckle）、宝洁的拉里·休斯顿和 IBM 的阿尼尔·梅农（Anil Menon）。

在这次会议期间，我们受《长远规划》主编查尔斯·巴登·富勒（Charles Baden Fuller）的鼓励和邀请，就这个主题编写了一期特刊。我们接受了这一邀请，随后的努力进一步吸引了我们对外围管理问题的关注，并最终编辑了一期关于外围视野问题的《长远规划》

特刊（2004年4月）。

我们从保罗·休梅克在国际决策战略公司（Decision Strategies International）的同事那里收到了人们对于早期书籍草稿的宝贵反馈，他们是迈克尔·马瓦达特（Michael Mavaddat）、弗兰克·舒尔曼斯（Franck Schuurmans）、贝尔纳多·西奇尔（Bernardo Sichel）和斯科特·斯奈德（Scott Snyder）。此外，许多学者型的同事好心地提供了评论，其中包括芝加哥大学决策研究中心大会的与会者，保罗在那里提出了概念框架，特别值得提到的是拉斯·阿科夫（Russ Ackoff）、利亚姆·费伊（Liam Fahey）、雷德·黑斯蒂（Reid Hasty）、约什·克莱曼（Josh Klayman）、约翰·洛德（John Lord）和理查德·舍尔（Richard Shell）。

经理和高管们提供的各种反馈使我们受益匪浅，其中包括哈佛商学院出版社找到的3位优秀的匿名评论者。我们收到了Kinecta公司的汤姆·格雷厄姆（Tom Graham）以及飞利浦照明的戈维·拉奥对整篇手稿的深刻的高管级评论。此外，BB&T公司的约翰·阿里森、威尔士眼科中心的罗伯特·贝利博士（Robert Bailey）、卡蒙社区殡仪馆的约翰·卡蒙（John Carmon）、哈特曼集团的哈维·哈特曼（Harvey Hartman）、美味烘焙公司的文斯·梅尔奇奥雷（Vince Melchiorre）、BBC的萨莉·奥斯曼（Sally Osman）和杜邦的约翰·拉涅利（John Ranieri）等人也提供了关于各个案例的关键背景信息。

我们特别感谢罗伯特·E.冈瑟（Robert E. Gunther），他怀着愉快的心情，用敏锐的头脑，孜孜不倦地把每一章都改写了多次。这本书无论其写作方式与风格有什么优点，大部分都要归功于罗伯特，他在我们学习各种概念、框架和例子的过程中成了我们的好朋友和智力伙伴。罗伯特迫使我们清楚地表达自己的想法，使之与管理者相关，同时也加入了有价值的见解和他自己的例子。

我们还从柯尔斯顿·桑德伯格（Kirsten Sandberg）那里获得了宝贵的编辑建议，她是哈佛商学院出版社一位备受尊敬、经验丰富的编辑，是一位真正的隐喻大师。她很早就意识到这本书的潜力，并亲切地到费城探望我们，表达她的热情。柯尔斯顿主动提出了我们急需的关于隐喻和方法的编辑建议。正是她富有感染力的信念和对这本书的大力支持，推动我们与哈佛商学院出版社合作，才使得这本书的质量非常出色。我们感谢所有为之付出努力的人，包括加德纳·莫尔斯（Gardiner Morse）间接的建议。

我们认识到麦克技术创新中心[由威廉·麦克和菲利斯·麦克（William Mack and Phyllis Mack）慷慨捐助]在我们的研究与写作中发挥的重要作用。此外，我们每年还获得了行业合作伙伴的资助，并从我们的核心团队同事拉斐·阿密特（Raffi Amit）、特里·法德姆（Terry Fadem）、比尔·汉密尔顿（Bill Hamilton）、哈伯·辛格（Harbir Singh）、吉特德拉·辛格（Jitendra Singh）、迈克尔·汤姆奇科（Michael Tomczyk）及温特那里获得了明智的建议。

最后，我们感谢沃顿商学院及其附近的宾夕法尼亚大学，那里充满活力的学术氛围为研究和学习提供了一个激荡和启发的环境。我们很幸运地在沃顿商学院的众多研讨会和高管发展课程中测试和发展了我们的想法。感谢所有人的见解和支持。

目录

第1章 外围：它为什么重要 // 001

狭窄外围视野的代价 // 007

洞察差距 // 011

外围视野是如何工作的 // 014

视杆细胞与视锥细胞：外围的权衡 // 017

改进外围视野 // 018

第2章 界定范围：观察何处 // 021

界定范围的挑战 // 024

看得太少或太多的危险 // 025

设置正确的范围 // 027

提出正确的问题 // 027

从过去中学习 // 028

研究现在 // 033

展望新的未来 // 039

小结：望远镜和显微镜 // 044

第 3 章 | 搜索：如何观察 // 047

主动搜索 // 050

随机挑选杂志：定向搜索与非定向搜索 // 051

溅射视野：看见森林和树木 // 052

外围特定区域的搜索策略 // 053

开始搜索内部 // 054

倾听市场的呼声 // 055

研究竞争空间 // 062

观察技术发展的方向 // 065

从影响者和塑造者身上学习 // 068

搜索的指南 // 070

第 4 章 | 解释：数据意味着什么 // 073

一张照片突然映入眼帘 // 078

三角定位的重要性 // 080

使用多种方法 // 083

使用情景规划，既看到人脸又看到老鼠 // 084

既看到客户又看到竞争对手 // 086

为什么我们会出现盲点 // 087

组织的偏见 // 092

改进解释 // 094

小结：挑战与应对 // 098

第5章 | 探究：如何更细致地探索 // 099

不要反应过度地行动 // 103

三种响应模式 // 104

使用场景来探究影响 // 105

研究商业影响 // 107

更广泛地搜索信息 // 109

设计实验和期权 // 110

投资于学习 // 113

为不同类型的学习使用期权 // 113

寻求意想不到的洞见 // 116

故意犯错 // 118

小结：快速与死亡 // 120

第6章 | 行动：如何处理这些洞见 // 123

不确定性下的行动策略 // 128

使用许多小实验：一千个光点 // 129

与其他公司合作 // 132

更广泛地行动 // 133

先发优势的局限性 // 136

知道何时学习或跳跃 // 139

驾车冲破迷雾 // 141

第 7 章 | 组织：如何提升洞察力 // 143

外围视野能力的 5 个组成部分 // 148

鼓励广泛关注外围的洞察型领导 // 149

发展和完善战略举措的一种好奇的方法 // 152

奖励对边缘进行探索的灵活而好奇的企业文化 // 155

检测和分享弱信号的知识体系 // 157

发展鼓励探索外围的组织配置与一系列流程 // 163

小结：将一切综合起来 // 166

第 8 章 | 领导：一份行动方案 // 169

挖掘或留意外围 // 173

动员组织变得更具好奇心 // 174

重点关注具体的挑战 // 175

广泛追踪各种趋势和品位 // 177

来自外围的 6 条经验 // 178

改进的方案 // 181

检查你的视野 // 182

注意差距 // 183

分配责任 // 185

创造连贯的视野 // 187

对变化反应最快的物种将能幸存 // 189

附录 A | 战略视野测试：组织的洞察差距是什么 // 191

战略视野测试 // 195

评估工具 A-1　战略视野测试 // 195

战略视野测试的比较结果 // 199

附录 B | 研究基础 // 203

信息处理范式 // 207

组织学习范式 // 208

学习过程的阶段 // 210

范围界定 // 210

搜索 // 213

解释 // 215

探究与行动 // 216

学习和调整 // 218

洞察型组织 // 218

其他相关的书籍 // 219

附录 C | 关于组织视野隐喻的说明 // 223

视野如何工作 // 226

组织的类比 // 229

隐喻的局限 // 232

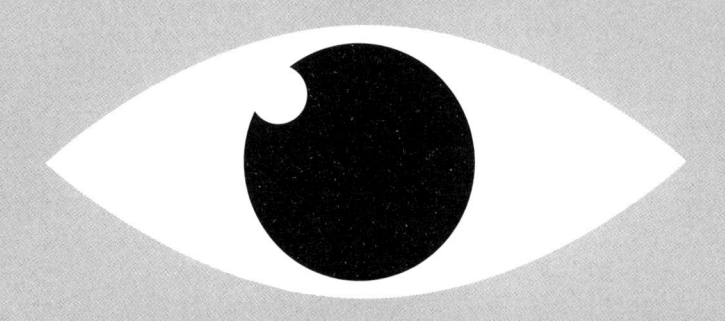

第 1 章

外围
它为什么重要

> 春天来临时，雪首先在外围融化，因为那里是冰雪暴露最多的地方。
>
> ——英特尔公司（Intel）前董事长
> 安迪·格鲁夫（Andy Grove）

费城的美味烘焙公司高级副总裁兼 CMO（首席营销官）文斯·梅尔奇奥雷（Vince Melchiorre）有一次在郊区一家超市里闲逛，他当时正在货架上看商品，一位 60 多岁的女性和她 80 多岁的母亲也在逛超市，两人跟梅尔奇奥雷聊了起来。这位母亲患有糖尿病，再也不能吃美味烘焙公司的甜食了。"母女俩在店里对我大喊。"梅尔奇奥雷回忆道，"这位老母亲从小就吃美味烘焙公司的蛋糕，这么大年纪了还会唱那首广告歌，但她们再也不能吃这种蛋糕了。于是她们问道，'你为什么不做点什么呢'，我把这句话牢牢记在了心里。"

这是 2004 年年初的事情。当时，罗伯特·阿特金斯（Robert Atkins）博士发起的低碳水化合物的革命正风生水起。每一家食品公司都制定了生产低碳水化合物的战略，正在不断推出数以千计的新产品。像美味烘焙这样的公司肯定注意到了这一点。该公司旗下的

"美味烘焙"品牌每天生产超过 500 万份蛋糕、馅饼、饼干、甜甜圈和其他美味甜品。包括烘焙公司恩滕曼（Entenmann）在内的许多竞争对手也正在开发自己的低碳水化合物系列产品。但这种趋势到底意味着什么呢？这个行业会走向枯竭吗？低碳水化合物饮食会不会只是一时的风潮？美味烘焙应当以怎样的方式响应？多快地响应？

梅尔奇奥雷在超市的过道上遇到那对母女时，美味烘焙公司也正在秘密打造自己的低碳水化合物产品，其项目代号为"葛丽泰"（Greta），这是葛丽泰·嘉宝（Greta Garbo）这位女演员名字的双关语。在新任 CEO 查尔斯·皮兹（Charles Pizzi）的推动下，该公司推出了一条创新的生产线，作为重振公司销售额的重要组成部分。2001 年，公司销售额达到 1.66 亿美元的高峰。生产团队由新任业务发展总监凯伦·舒茨（Karen Schutz）领导，在 2004 年 8 月前，该团队迅速推出新的低碳水化合物产品线，将通常需要 12~18 个月的产品开发周期缩短了一半。

然而，梅尔奇奥雷在超市的过道上遇到那对母女后，回来就向团队提出了一个新的建议：将生产线从低碳水化合物转向无糖。这绝不是一个简单的提议。研发团队已经进行了多轮低碳水化合物产品的试验，推出了与品牌相称的产品。将生产线改为无糖产品生产线，意味着要重新调整配方成分并重新测试，几乎要全部推倒重来。"我们的低碳水化合物产品战略已经走了一半。"梅尔奇奥雷说，"我不得不去见产品研发和营销部门的人，这是不愉快的一天。"

但在梅尔奇奥雷看来，局势已十分清楚。他说："我倾听了来店里逛的顾客、购买了货架上的商品的顾客，以及路过的消费者等人的呼声。有些人一直在呼唤我，因为他们喜欢吃美味烘焙生产的蛋糕，却因为患糖尿病再也不能吃了。我没有碰到过哪个人走过来跟我说，因为他们正在采取低碳水化合物饮食，所以不能吃我们的蛋糕。尽管碳水化合物也是个重要问题，但糖是个更大的问题。"

梅尔奇奥雷是金宝汤（Campbell Soup）的前营销主管，他意识到，消费者们所说的和所做的还是有所区别。在金宝汤，他曾参与了无钠汤产品的开发，结果却眼睁睁地看着它们失败。"人们会说他们想要无钠的或低碳水化合物的食物，然而刚一离开焦点小组①，转身就去麦当劳敞开肚皮吃一顿。"梅尔奇奥雷说，"我在食品行业干了很长时间，对这种事见得多了。要让人们相信这些趋势，只有在它们影响到他们个人的时候才有可能。"他的长期经验影响了他对新闻报道和其他信息的理解。

2004年8月，美味烘焙公司推出一系列无糖产品，命名为Tastykake Sensables。每份产品的含糖量都为零，碳水化合物仅为4~8克。这一系列产品包括原味和巧克力甜甜圈，橙色和巧克力脆饼手指蛋糕，以及饼干条。其成功远超预期，销售额是目标的两倍。到2005年二季度，公司的净路线销售额（Net Route Sales）比上年增长8%，这在很大程度上是受Sensables这条生产线的产品销量的推动。

但美味烘焙真的做出了正确的选择吗？事实证明，梅尔奇奥雷

---

① 焦点小组也称小组访谈，是指多人进行的访谈活动，由经验丰富的主持人引入主题，参与者围绕主题，自由发表相关看法。

有机会看到那条他没有选择的路线。就在他推出无糖产品的同时，竞争对手恩滕曼推出了低碳水化合物产品。在最初的几周里，梅尔奇奥雷逛超市时发现，商店里并没有恩滕曼产品的库存。这样一来，他专注于发展无糖食品的决定正确吗？但到了第二个月和第三个月，他发现自己的预感得到了证实。恩滕曼的低碳水化合物产品开始堆积如山了，到最后不得不撤下这条产品线，也推出了自己的无糖产品。"很多公司已经取消了低碳水化合物产品的生产线。"梅尔奇奥雷说。2005年5月，《纽约时报》(The New York Times)的一篇文章指出，许多产品从低碳水化合物转变为低糖，并宣称"低糖已成为新的低碳水化合物"。但与此同时，各公司要么亏损，要么盈利达到数百万美元。

虽然超市过道里偶遇的母女使得这个局面（即喜欢美味烘焙蛋糕的糖尿病患者吃不了含糖的蛋糕）成了梅尔奇奥雷关注的焦点，但她们并不是他唯一的信息来源。梅尔奇奥雷除了大约每周逛两次超市外，还进行广泛阅读，与业内人士交流。他会向家人和邻居征求意见。他偶尔对公司的1500名员工展开调查。他说："我们从很多不同的来源进行三角定位。"一旦公司决定采用无糖产品的战略，梅尔奇奥雷就会要求他的卡车运输和运营人员故意唱唱反调，辨别可能出现的问题，使得公司可以在产品线失败的情况下对冲风险，不至于过度投入。

梅尔奇奥雷说，最重要的是他努力保持开放的心态："我见过的大多数成功人士做的最重要事情就是把每一天都当作新的学习经验。

我抛开所有假设,好像我什么都不知道似的开始一天的工作。伤害人们的往往是他们相信自己知道答案,所以花时间去想方设法地确认自己的观点。我从不认为我知道所有答案,我总是向人们抛出一些奇怪的想法。例如,如果我们用卡车运送玉米饼壳或水果呢?如果你被困在自己的范式中,就不会有良好的外围视野——你的视野将变得狭窄。每个人都跟着别人走,就会踏入地狱深渊。"

狭窄外围视野的代价

外围视野如此重要的一个原因是,企业从新的外围视野中获利的窗口往往是有限的。时装首先在巴黎的T台上展示,之后才会进入沃尔玛的折扣店。手机起初是一个昂贵的商业工具,后来变成了每个青少年口袋里的标配物件。参加聚会时如果你提前到了,那里会没有人;但如果你迟到了,就要负责清理垃圾。看见正在发生的事情并有效地做出反应,是一项至关重要的能力。

美味烘焙公司正在从他的外围视野中受益时,该行业的其他公司却还在努力应对低碳水化合物革命。当阿特金斯博士倡导的及别的低碳水化合物饮食法像野火一样在美国迅速蔓延时,一个重要的低碳水化合物食品市场出现了——2004年的前9个月,该市场的销售额达16亿美元。2003年和2004年,仅在美国,各公司就推出了总计3737种低碳水化合物产品(其中大部分是现有食品的变体)。早期认识到这一淘金热并采取有效行动的先驱们在精益产品中发现了丰厚的利润。2003 年，低碳水化合物食品的销售额以三位数的比率增长。

但随后这一趋势遇到了阻碍。尽管新产品的推出数量持续增加，但采用低碳水化合物来节食的人数开始下降。遵循阿特金斯饮食法和迈阿密饮食法的美国人的比例从 2004 年 1 月的 9% 骤降到 9 个月后的 4.6%，与此同时，低碳水化合物产品的数量翻了一番，如图 1-1 所示。而像康胜啤酒（Coors）这样行动过于迟缓的公司则在一个不断萎缩的、充斥着各种产品的市场上投资，以推出产品（见插文《酒吧打烊你才来》）。该公司遂与机会之窗失之交臂。

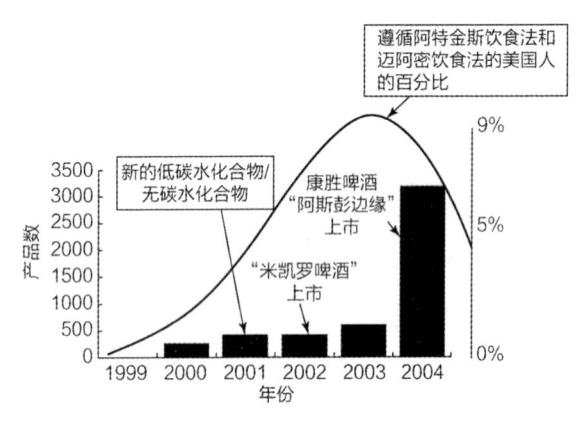

图 1-1　外围的风险与回报

酒吧打烊你才来

百威英博（Anheuser-Busch）是低碳水化合物啤酒的先驱者之一，于 2002 年 9 月推出了米凯罗啤酒（Michelob Ultra）。这一产品迅速成为市场的领头羊，到 2004 年 3 月就占领了 5.7% 的淡啤酒市场。这是百威自 1982 年推出百威淡啤以来最成功的新品牌。该公司很早就抓住了这股潮流，逮住了低碳水化合物潮流的高潮。相比之下，康胜啤酒最初选择了等待低碳水化合物热潮过去。直到米凯罗啤酒开始侵蚀其市场份额时，康胜啤酒才在 2004 年 3 月推出了自己的低碳水化合物品牌，比百威落后了 18 个月。康胜的新品牌"阿斯彭边缘"规模太小，推出时间也太迟，尽管该公司投入了 3000 万美元，仍然无济于事。2004 年 7 月，该啤酒的销量达到顶峰，但仅占啤酒市场的 0.4%，随后开始下滑。（2004 年 9 月，分析师对经销商进行的一项调查发现，87% 的人认为"阿斯彭边缘"这个品牌永远都不会成功。）当康胜啤酒意识到低碳水化合物的流行并着手采取行动时，机会之窗已经关闭。

事后看来，在低碳水化合物饮食革命的兴衰中还是透露出了许多迹象，如图 1-2 所示。各公司看到了吗？人们意识到这些信号的重要性了吗？为什么不能有效地应对呢？来自外围的信号的问题在于它们通常是模糊的。例如，在低碳水化合物食品的案例中，消费者行为的复杂性和变幻莫测使得市场局势变得模糊不清。每个消费者对低碳水化合物饮食都有着自己的定义。2004 年，消费者调查公司哈特曼集团（Hartman Group）开展的一项研究发现，只有 9% 的低碳水化合物饮食者严格遵循这种饮食。该研究还发现，采用自己制定的低碳水化合物饮食法的消费者所占比例，超过所有正式实行低碳水化合物饮食计划的消费者所占比例。此外，市场也出现了快速波动。在尝试过低碳水化合物饮食法的 34% 的节食者中，超过

一半的人在第一年结束时选择了放弃,这与其他类型饮食法的情况类似。对大多数节食者来说,对低碳水化合物饮食法的关注大约只持续了3个月。

这种饮食法如何转化为购买行为,则更为复杂。例如,哈特曼集团发现,虽然低碳水化合物饮食法妖魔化了某些食物(如炸薯条和意大利面),但消费者并没有减少对老品牌的使用,转而青睐新的低碳水化合物品牌。从各个方面看,市场局势都一片模糊,像美味烘焙这样的公司却迅速地采取了行动。那么,各公司如何更好地发展其洞察力,以便能够更快地察觉市场环境中的弱信号,并且更有效地做出反应呢?

1972年
阿特金斯的《饮食革命》(Diet Revolution)一书出版

1997后
平装版阿特金斯的《新饮食革命》(New Diet Revolution)开始连续5年登上《纽约时报》畅销书排行榜

1997年
美国食品药品监督管理局召回减肥药芬芬(Phenfen),引发美国家庭用品公司近50亿美元的赔偿

2001年
《快餐国度》(Fast Food Nation)出版、畅销

2002年
阿特金斯的书销量高达1 500万册

2003年
哈佛大学发表了一项研究,明确了低碳水化合物饮食/迈阿密饮食法的好处

2004年
施行低碳水化合物饮食的美国人的百分比下降了一半

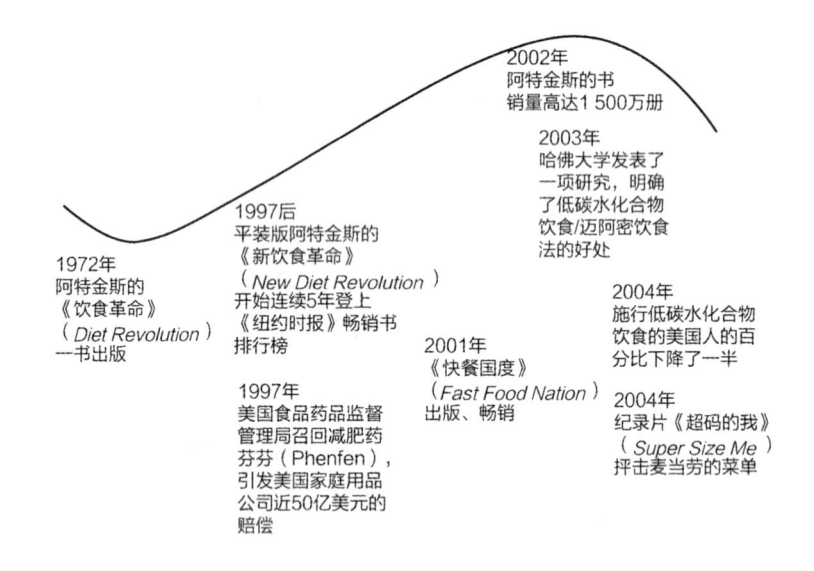

2004年
纪录片《超码的我》(Super Size Me)抨击麦当劳的菜单

图1-2 低碳水化合物饮食法兴衰的某些信号

洞察差距

大多数组织不具备足够的外围视野能力。我们对全球150多名高级管理人员进行的调查发现，超过80%的人表示，他们公司的外围视野能力达不到公司需要具备的水平，导致在洞察性方面存在显著差距。[1]在一个1~7分的量表中，外围视野的平均预期需求高于5，但平均能力仅为4，如图1-3所示。（你的组织的情况如何？如果要评估你自己组织中的洞察性差距，请参阅附录A中的"战略视野测试"。）

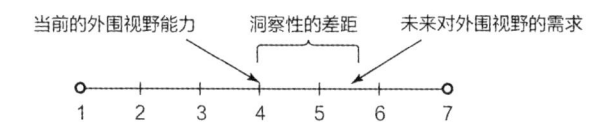

图1-3 日益增长的洞察性需要

注：我们对150多名高级管理人员的调查发现，他们对外围视野的预期需求超过了他们目前的能力，造成了警觉性的差距。

组织需要多少外围视野？有机体和组织需要一种与环境需求相匹配的感觉。例如，蜜蜂可以探测到紫外线，这使得它们能够区分不同类别的白花；有的飞蛾已经进化出了探测蝙蝠声呐的能力。当飞蛾探测到这种声呐时，就会自动俯冲，以躲避自己的天敌。它们听不到其他任何声音，但发展出了这种高度专门化的感知

---

[1] 可使用1~7分的量表进行自我评估调查。这些数据基于沃顿商学院和欧洲工商管理学院高级管理课程的150多位参与者的回答。附录A中列出了用于估计这些结果的诊断性的战略视野测试。80%的数据是管理者未来对外围视野的需求和他们目前能力的比较。

能力。它们要察觉的危险是环境何时发生改变。例如，当飞蛾飞进一所房子时，威胁不再是一只蝙蝠，而是一个挥舞着扫帚的人。那么，这只蛾子原有的感知能力就无法胜任（躲开扫帚攻击）这项任务了。

类似地，组织所需的外围视野必须根据其战略、行业动态和环境波动性进行调整。环境的变化速度及其复杂性的日益增大，通常要求具备更大的外围视野。① 例如，在过去，价值 1500 亿美元的时尚产业中的公司几乎可以决定将哪些季节性趋势转化为服装，然后大量销售。但现在，女性开始通过混搭的方式创造自己的个人风格。这种现象是某种更广泛的定制趋势的一部分——从刻录个性化的音乐 CD，到在线发布博客和播客。零售商被迫改造千篇一律的商店，以塑造独特的和定制的形象。时装制造商不得不发明并运用灵活的方法。例如，西班牙品牌飒拉（Zara）使用"快速制图"系统来提供规模更大和调整更快的产品种类。这些快速变化带来了诸多不确定性，使得人们高度重视良好的外围视野，以便领先他人一步发现市场和渠道的变化。

有些公司具备足够的外围视野来满足环境的需求，如图 1-4 所示。在相对稳定环境中生存的视野狭窄的专注型公司，好比一匹匹

---

① 复杂和快速变动的环境通常会扩展我们的视野的极限。宇航员们说，在快速加速的过程中，他们感觉自己好像在慢慢向后倾斜。在 20 世纪 60 年代阿波罗号飞行期间，不断变化的磁场产生了发光条纹和亮点的感觉，舱内过多的氧气产生了隧道视野，使得宇航员的外围视野扭曲成旋涡状。由于环境造成的这种欺骗，教官们在训练宇航员和喷气飞机的飞行员时，告诉他们不要只相信自己的眼睛，而是使用导航系统来评估飞行器的位置。

戴着眼罩的赛马,在清晰、平稳的赛道上飞驰。具有高度发达的外围视野来应对更混乱环境的洞察型组织,也就具备与环境很好匹配的外围视野。相反,一些组织的外围视野超出了他们需要的水平,这导致"神经过敏"的组织遭受"感官超负荷"的折磨。这些组织最终会搜索外围的一切蛛丝马迹——即使自身处在相对平静的环境中也不例外,导致信息超载和注意力缺失,使得他们的竞争力不如那些更专注的竞争对手。

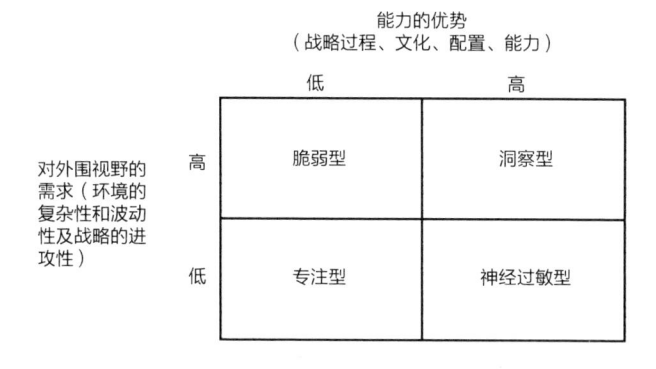

	能力的优势 (战略过程、文化、配置、能力)	
	低	高
对外围视野的需求（环境的复杂性和波动性及战略的进攻性）高	脆弱型	洞察型
低	专注型	神经过敏型

图 1-4　外围视野与环境

但根据我们的调查,最常见的问题还是组织脆弱,不具备满足未来需求的外围视野。这些脆弱组织的外围视野能力较低,即使他们在一个需要强大能力来搜索企业外围的环境中运营,或者追求这样的战略,也没能提高这种能力。这些组织往往目光短浅,只专注于手头业务,而外围的许多因素实际上可能改变其业务模式乃至整个行业。这种特定的不匹配导致错过机会和出现致命的盲点,不仅对组织有影响,对个人的职业生涯也有影响(见插文《这些 CEO 从未预见它的到来》）。符合这些特征的组织必须极大地提高其外围视野能力，以应对战略和环境的挑战。这些特征是我们这本书关注和讨论的焦点。

外围视野是如何工作的

外围视野的比喻有助于突出组织的能力，即看到即将发生的事情的复杂机制。就像人类和动物的视野一样，外围是主要焦点区域之外的模糊区域（见插文《中央与外围视野》）。在人类的视野中，焦点视野帮助我们专注于核心任务，如阅读或专攻某个项目。[1]

这些 CEO 从未预见它的到来

良好的外围视野对你的职业生涯有多重要？当培训机构领导力智商（Leadership IQ）询问 1087 名董事会成员，是什么原因导致董事会要解雇 CEO 时，31% 的人表示 CEO 对改革管理不善，28% 的人说他们忽略了客户，27% 的人说他们容忍了业绩平庸的下属或员工，23% 的人说那些 CEO 由于"否认现实"而被解雇。换句话讲，糟糕的外围视野是 CEO 被解雇的重要原因。

---

[1] 眼科通常把焦点视野称为"中心视野"。

中央与外围视野

眼睛上只有一块小范围的焦点区域叫作中央凹（大约是我们伸出手时看到的拇指指甲大小），它用于全彩色高分辨率的集中观察。外围视野以低得多的分辨率扫描周边。中央凹提供了最狭窄但也最敏锐的视野。外围视野提供了更广阔但越来越模糊的视野。在组织中，核心的内部活动和外部环境的监测，如管理层不断检查的数据或者向投资者报告的数据，显示在中央凹（或焦点区域）。这个焦点区域应该多窄或多宽？

外围视野帮助我们看到那些正悄悄逼近我们的威胁或意识到那些处在我们视野边缘的机会。在人类的早期进化中，外围视野帮助人们识别即将飞扑而来的美洲狮，或者是可以让他们晚上饱餐一顿的林中小鹿。如今，外围视野在驾驶或运动等任务中仍然至关重要。

对于组织和个人来说，在外围出现的东西难以发现、难以理解，也很难抓住或逃避。从本质上讲，在观察、搜索、解释、探究和行动等方面，外围视野与焦点视野需要采用不同的策略并具备不同的能力。它需要的不仅仅是在视野边缘接收信号，还要知道从哪里看，如何看，信号意味着什么，何时转过头往全新的方向去看，以及如何对这些模糊的信号采取行动。视野涉及感知和解读之间的相互作用，所以我们看到的往往取决于我们准备看到什么。个人和组织也许过于专注某项任务了,以致无法意识到环境中的重大变化,因为它不在关注的焦点范围之内(见插文《他们没有看到大猩猩》)。

他们没有看到大猩猩

  我们在研讨会中使用一则短视频来例证外围视野存在的特定挑战。该视频显示一些球员在打篮球。该实验要求参加的企业管理人员数一数身穿白衣的球员之间传球的次数(他们绝不会把球传给穿着黑衣的球员);与此同时,一个身穿黑衣的球队也在球场上传球,而且只是在自己队员之间传球。实验中,一名穿着大猩猩服装的男子穿过球场,没有打扰到任何一位球员,他会短暂地在球场中间停下来,夸张地捶打一下自己的胸口,最后缓慢地离开。接下来我们问实验参与者,球传了多少次?大约90%的人都数对了。再接下来我们继续问,你还注意到什么了吗?几乎没有哪位管理者注意到了那个大猩猩。之后许多人要求重播。当他们清楚地看到大猩猩时,一些人怀疑是我们伪造的,另一些人则完全不相信地盯着我们。人们可能因为太专注于某项任务而看不到眼前的东西,因而成了狭窄视野的牺牲品。[1]

---

[1] 在一项以大学生为对象的对照实验中,大约42%的受试看到了大猩猩。参见 Daniel J. Simons, Christopher F. Chabris. Gorillas in Our Midst: Sustained Inattention Blindness for Dynamic Events. Perception 28(1999): 1059–1074。

视杆细胞与视锥细胞：外围的权衡

鉴于外围视野的过程和能力不同于焦点视野，通常在加强外围视野时要付出一定的代价。企业必须投入资源并使高级管理层加强关注，以开发必要的能力和流程，更好地感知外围的弱信号。这就给组织带来了一个根本性的挑战：如何正确地权衡焦点视野和外围视野。

如果你驾驶汽车时经常看后视镜，就会减少对前方道路的重点关注。了解一下美国电话电报公司（AT&T）在剥离非核心业务之前，是如何对个人电脑与其他领域进行破坏性的和分散注意力的突袭的。你就会意识到，有时候，看到了一切等于什么也没看到。

人眼以专用传感器的形式将相当多的资源用于外围视野。眼睛有两种细胞：视杆细胞和视锥细胞。一方面，视锥细胞集中在中心附近，如果光照充足，我们可以看清物体的颜色和细节。这是焦点视野聚焦的地方；另一方面，视杆细胞位于视网膜的边缘，在弱光下使用或者从你的眼角看到物体，例如，你看见一辆汽车在高速公路的相邻车道超过你。

人眼视网膜上的视杆细胞（用于外围视野）比视锥细胞（用于焦点视野）多得多——视杆细胞约有1.2亿个，而视锥细胞只有600万个。如果我们打算设计一个机器人，以便优化手头任务，如读书或数钱，那么这个比例其实没有什么意义。但人眼在构造上可以用来感知潜在攻击或与机会相关的弱信号。敢问有多少家组织以 20∶1 的比例将资源投入外围视野和焦点视野上？我们怀疑，大多数组织的比率可能与之恰恰相反，如图 1-5 所示，这潜在地导致短视和视野狭窄。

人眼

用于外围视野的视杆细胞，占95%

用于焦点视野的视锥细胞，占5%

组织视野

组织专门用于外围视野的资源（视杆细胞）

组织专门用于焦点视野的资源（视锥细胞）

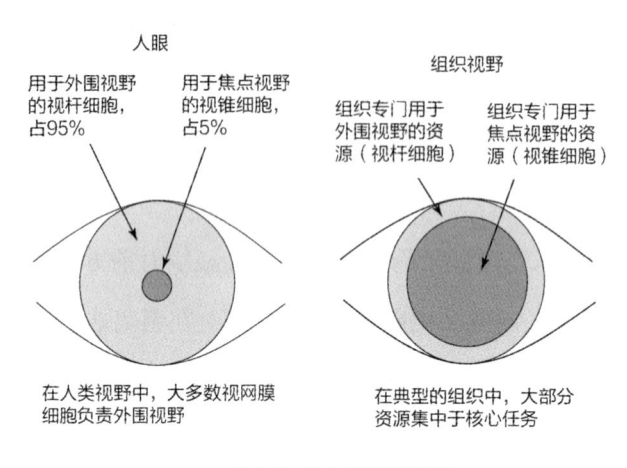

在人类视野中，大多数视网膜细胞负责外围视野

在典型的组织中，大部分资源集中于核心任务

图 1-5　什么是恰当的平衡

注：这张图是为了显示相对比例而设计的，并非准确地描述眼睛的解剖结构。

改进外围视野

约翰·麦克菲（John McPhee）关于美国参议员比尔·布拉德利（Bill Bradley）大学篮球生涯的简介描述了他在球场上对周围其他球员的不可思议的观察。为了撰写那篇简介，麦克菲带布拉德利去看眼科医生，测试他的外围视力。事实证明，布拉德利的外围视力的水平范围是 195°，超出了 180° 的正常水平。虽然他可能是天才，但也通过后天培养提高了自己的外围视力。在孩提时代，他在人行道上行走时，眼睛常常直直地望向前方，同时试图分辨左右两边商店橱窗里陈列的商品。后来长大了，他会背对着篮筐站在球场的各个地方，然后快速转身，当他的视野边缘出现了篮网时便尝试着盲投。最后，他磨炼出了一种极好的感觉，约翰·麦克菲将其形容为极佳的"身临其境感"。

许多运动员都拥有这种能够注意到周围情况的高度发达的能力，从棒球四分卫寻找接球手而避开阻截者，到网球运动员盯着球的时候还要看到对手的挥拍和步伐动作。在错综复杂和瞬息万变的赛场上，他们对周围发生的事情有着很好的感知，知道如何迅速采取行动。

在我们对高级管理人员的调查中，领导者对外围的态度被认为是外围视野能力中最重要的组成部分之一。领导者定义组织看到和理解什么，还决定听哪些声音。各级领导者要么让组织接受来自环境和公司内部的弱信号，要么屏蔽这些信号。即使是拥有最强大的个体机制和外围视野流程的组织，也会发现目光短浅的或者忽视所有弱信号的领导者有可能限制其领导的组织。想想美国独立战争期间特伦顿那个可怜的约翰·戈特利布·拉尔（John Gottlieb Rall）上校吧，他死时口袋里还装着乔治·华盛顿（George Washington）将会大胆进攻的预警信件。信号来了，但这位正在举行节日派对的领导者显然没有理会。

我们的研究还发现，鼓励信息共享的文化对强大的外围视野至关重要。根据我们调查的统计分析，表1-1总结了最重要的组织维度。

表 1-1 脆弱型组织与洞察型组织

维度	脆弱型	洞察型
领导者	只关注当前的业绩和竞争对手	重点关注外围和核心
决策	僵化的、静态的投资	好奇的、以期权为导向的
知识分享	着重追踪预先选定的业务数据	专注于收集和分享弱信号
组织配置	配置为向内观察（目视）	配置为向外观察（观星）
文化	僵化的和墨守成规的	灵活的和好奇的

像比尔·布拉德利这样通过练习来增强外围搜索能力的篮球运动员一样，业绩优异的组织也可以系统地改善其外围视力。他们可以变得不那么脆弱，并且更加洞察。本书的其余章节将探讨如何做到这一点。

第 2 章

界定范围
观察何处

> 判断一个人,要看他提出的问题而不是给出的答案。
>
> ——伏尔泰(Voltaire)

一家大型宠物食品制造商使用的辛迪加市场数据(Syndicated Market Data)表明,该公司在一个稳定的市场中占据着主导地位。这似乎是个好消息。不过,该公司实际上正在一个增长迅速的整体市场上失去份额。这些数据没能被发现,有人正通过非传统专业商店和兽医销售的宠物食品,将一些科学的宠物食品配方推向市场。虽然管理者模糊地意识到这一趋势,但他们对自己所在市场的观察过于狭窄,因此在整个市场中丢失份额的情况并未在市场报告中显示出来。他们甚至没有意识到自己正在失去市场份额。在试图查明他们为什么错过了关于这一新兴市场重要性的早期信号时,管理者表示,他们在使用传统渠道的现成销售数据时自满了,使得自己没能看清大局。在这个早已拥挤不堪的市场上,该公司最终成为一个反应迟钝的、毫无生气的参与者。

外围视野的第一个挑战是决定要观察多广的范围。如果观察范围太窄,像上面这家宠物食品制造商这样的公司可能受到视野之外的意外事件的打击。但如果观察范围太广，公司又面临着被无关紧要的信号淹没的风险。如何为他们的视野定义一个适当的范围，使之能在不浪费资源的情况下发现所有重要的东西呢？

什么样的范围才是适当的范围？这是一个不能直接引向答案而是直接引向更多问题的问题。界定范围更多地与好奇心有关，而不是与知识有关。它不在于知道答案，而在于定义正确的问题，揭示我们现有知识的局限，然后发现在哪里寻找答案。这家宠物食品制造商也许会问，什么样的新渠道或商业模式可能颠覆这个行业？我们在宠物主人市场中的份额是多少？我们在单个客户的钱包中占据的份额又是多少？因为管理者没有提出这些问题，所以无法看到外围发生了什么。久而久之，这就成了一个大问题。

在本章中，我们将研究一组引导性的问题，这些问题可以突破狭窄的范围，并确定在何处寻找外围的答案。提出和回答这些问题，有助于管理者将注意力引向可能提供最大机会或构成最大威胁的外围部分。

界定范围的挑战

随着行业界限愈加模糊，确立正确的范围变得更具挑战性。例如，电信公司和娱乐场所必定与不同的玩家竞争，又如视频游戏设计师和为非法下载提供便利的点对点交换网站。制药公司必须越来越多地应对美国医疗保健监管的变化，如新的医疗保险处方药的覆盖范围，以及生物技术的突破和为寻找前景广阔的新化合物的自动化技术。消费者产品公司必须通过为西班牙裔这一不断增长的群体定制食品并迎合其口味，以便充分利用美国社会中该群体人口不断增长的趋势来赚更多的钱。

这些变化刚开始时往往远离公司最初关注的领域，后来，公司逐渐地越来越关注这个领域。这类新兴趋势什么时候会出现在企业的"监测雷达"的屏幕上呢？管理者如何定义"已知世界"的边界，从而界定它们的外围？就像眼睛往往将中心视野区域内的东西看得最清楚一样，大多数组织对焦点业务有着非常清晰的视角，但对其他一切的视野都不完整。针对上市公司的《萨班斯-奥克斯利法案》（Sarbanes-Oxley）等新的法规正将高管的注意力更多地引导到监控和控制重点业务上。如此一来，他们可能会错过哪些机会？

看得太少或太多的危险

未能察觉组织主要关注领域之外的弱信号将导致一些组织错失机会，而为另一些组织创造机会，表2-1说明了这一点。一旦转基因食品添加剂制造商提出这样的问题："消费者愿意在他们的食品中容忍多大程度的风险？他们对此有什么看法？"就能察觉消费者对食品制造商的信任感到不安的种种迹象；一旦美国的制药商提出这样的问题："患者和付款人将如何应对越来越多的广告、医疗保健系统的转变和药品的高成本？"就不会对公众信心的急剧下降感到惊讶了。

表2-1 弱信号中的机会

领域	外围中的机会	谁看到了	谁没看到
技术上的	数字化革命 白光LED照明 开源软件 CD-ROM百科全书 GSM（全球移动通信系统）的快速普及	苹果和iPod LED公司 Linux操作系统、IBM 微软 诺基亚	音乐行业 灯泡制造商 微软、太阳微系统公司 大英百科全书 铱星系统
经济上的	隔夜包裹递送 搜索引擎的潜力 折扣点对点的航空公司	联邦快递、UPS 谷歌 西南航空、瑞安航空、易捷航空	美国邮政总局、联合航空公司 微软 联合航空、达美航空、汉莎航空
社交上的	运动和新时代饮料 真人秀节目的流行 年龄压缩（早熟）和对更精致和成年化玩偶的需求	斯奈普、佳得乐 真人秀节目制片人 MGA娱乐（贝兹娃娃）	可口可乐、百事可乐（起初） 游戏节目制片人 美泰公司（芭比娃娃）
政治上的	非洲无专利的艾滋病药物 委内瑞拉的社会动荡 远郊在改变美国选民格局中的作用 无人机（如在伊拉克使用的无人机）	印度制药公司 乌戈·查韦斯 乔治·布什和卡尔·罗夫 诺斯鲁普—格鲁曼公司（通过收购）	全球各主要制药公司 委内瑞拉石油公司 约翰·克里 洛克希德·马丁公司、波音公司

另外，在注意力和其他资源有限的情况下，将业务范围扩展得太过广泛的公司可能会耗尽资源。例如，一项针对高级管理人员的研究得出结论，当知识的准确性增强时，业绩反而会下降。尽管一知半解也许是件危险的事，但太多的知识也会带来威胁。高管们希

望获得更准确的市场预估，这就导致了资源浪费，甚至在某些情况下造成了完完全全的损失。难就难在如何将范围扩大到足以包括环境的所有相关部分，但又不至于在这个基础上进一步扩大。

设置正确的范围

除了适应环境的变化之外，公司还应根据其战略愿景调整搜索范围。20世纪60年代初，雅培公司（Abbott Laboratories）意识到自己可能不会成为领先的制药公司，于是扩大了业务范围，寻找外围中的增长机会。这种定位使这家公司成功进入诊断试剂、婴儿营养品和医院用品等领域。另外，即使在快速变化的环境中，有些公司也选择"坚持走自己的路"，并从目前的范围小心翼翼地向外发展。这些公司不需要如此广阔的外围视野——只需看到邻近市场的视野就可以了。例如，戴尔电脑（Dell）通过将其"按需生产"的商业模式扩展到打印机和低端服务器等类似市场而保持了惊人的增长。与此同时，戴尔也着重关注着围绕焦点领域中的变化，如计算和娱乐的整合，这可能会对其核心业务产生重大影响。

提出正确的问题

有效界定范围取决于提出正确问题的能力，而这些问题不同于那些与核心业务相关的问题，后者可以非常精确和有针对性。核心问题往往变得太常规化了，以至于答案可以自动收集并整齐地显示在面板上。我们的市场占有率是多少？我们的利润是多少？我们的销量增加了吗？员工流动率怎样？竞争对手在做什么？管理者在提出和回答这类问题时已然非常熟练（有时甚至有些神经过敏）。

但在外围，最好的问题要开放得多，答案也远没有那么精确。世界上哪些地方被人们忽视了？什么问题没有得到回答，因为人们从未提起过它们？当标准分析聚焦于固态物质上时，外围视野的挑战是那些没能看到的部分。这些关于外围的问题也许以假设的形式出现，但许多问题可能不会那么清晰地表达出来。可靠的范围界定需要开放的心态、对模糊的宽容及冒险到陌生领域闯一闯的勇气。在外围中，错误的问题可能导致你无休止地徒劳无功，但一些合适的问题可以帮助你发现原本看不见的机会。在下面的内容中，我们考虑了一些"引发思考的问题"——它们是围绕着从过去中学习、研究现在和展望新的未来而组织的。提出并回答这些问题有助于测试组织是否设置了正确的范围。

从过去中学习

过去也许并不是预测将来的良好指示符，但可以揭示你公司或行业中一直存在的盲点，还可以提供来自其他行业的、也许适合你自身行业的经验教训。

我们过去的盲点是什么? 系统地列出你所在行业及其外围发生的所有政治、经济、社会和技术的变革。从几十年前开始,管理层忽略了哪些对组织有重大影响的因素?它们存在固定的模式吗?这种概要分析旨在查看你的组织对外部变化的反应如何(是落后于、同步于还是领先于这些变化)并识别持续的盲点。例如,你也许已经很好地适应了政治变革,却一再错过重要的技术发展。

荷兰皇家壳牌公司(Royal Dutch/Shell)在情景规划方面的开创性工作受到了应得的赞扬。壳牌比其竞争对手更好地预见到20世纪70年代石油价格将大幅波动,80年代油罐车行业的产能过剩及发生在远东地区的各种衰退。然而,一些外部事态的发展严重损害了壳牌的利益,这些事态发展可能表明壳牌在公众认知和媒体方面存在盲点。第一次发生在1985年,当时壳牌得到了英国政府的批准,想将布伦特斯帕平台(Brent Spar)——一个大型的废弃石油平台沉入北海(大西洋东北部的边缘海),该地点距离任何海岸都有数百公里。尽管这或许是一个有效的工程解决方案,但绿色和平组织将抵制这一计划作为一项著名的公益事业,导致欧洲对壳牌加油站的抵制,壳牌不得已进行代价高昂的计划变更。同年晚些时候,壳牌在非洲牵扯政治斗争再次遭受重创。

虽然壳牌是一家技术精湛的工程和石油公司,但这两起事件表明,他在预测社会对其行动的反应时过于理性或目光短浅。其规划团队中的工程师往往多于社会科学家。值得赞扬的是,该公司对两起事件深层次原因进行了真正的自我反省,并通过系统地研究利益相关者关注的问题，大幅加强了对社会和媒体问题的关注。壳牌在这方面展开了一个重要的标杆项目，并且发布了一份令人印象深刻的年度文件，报告其在企业社会责任方面所做的工作。其中几项工作起到了很好的表率作用。通过识别这些持续存在的盲点，壳牌等公司可以将更多的注意力转移到被忽视的外围部分。

有没有其他行业的有益类比？ 有时你可以学习其他行业的经验，寻找一个类似的行业或市场情形。在此情形中，各公司要么被外围的事件打了个措手不及，要么抓住了一个新出现的机会。你能从中学到什么？以纳米技术为例，它可能通过在分子层面上精确操纵材料，开启超强纤维、精确引导的智能药物，以及其他许多创新。这种新兴的技术有着巨大的前景，正如转基因作物在激进分子煽动消费者的恐惧情绪及零售商开始抵制之前在欧洲所表现的那样。纳米技术的研发者能从转基因作物的失败中学到什么？

纳米技术引发的潜在社会、立法和伦理问题与困扰转基因生物的问题有相似之处。例如，初步的毒性研究已经对纳米颗粒可能带来的健康危害提出了警告。更重要的是，将来有可能使用基于纳米技术的传感器和食品追踪器，这引起了人们对隐私的担忧。纳米技术研发人员都来自大型跨国公司，其动机常常遭到怀疑——试图吸引媒体关注和资金的激进分子有可能利用这一事实。最后，纳米材料没有统一的释放和控制规则，招致相关部门对其的审查和监管。

这些威胁可能都不会从外围具体地显现出来，但对它们保持洞察是有好处的。一些令人担忧的早期迹象早已浮现。保险公司瑞士再保险（Swiss Re）警告称，不要急于进入纳米技术领域，理由是纳米技术存在未知风险。一项研究报告称，大嘴鲈鱼在充满纳米颗粒的水族馆中长期生活导致大脑受到损伤。

对转基因作物的反对很大程度上是因为公众可以很容易地想象到转基因作物的危害，但没有看到转基因种子的明显好处，如转基因大豆可抗除草剂。因此，如果纳米技术行业预料消费者将接受风险，那么必须证明该技术存在着切实的好处。是否其他有争议的技术的引入（如核能）可能也对纳米技术具有指导意义？有没有类似于更成功技术的类比，如生物技术和个人电脑革命？寻找合适的类比可以揭示风险和机遇。我们能从它们身上学到什么？

搜寻这样的类比可以让管理者通过不同的视角看待自己的处境，这有助于其关注到当前思维中可能忽略的外围重要领域。例如，作为纳米技术制造（特别是被称为富勒烯或巴克球的碳分子）先驱之一的三菱化工（Mitsubishi Chemical）已经吸取了转基因作物的教训。1993年，三菱旗下的前沿碳公司（Frontier Carbon Company）开始为富勒烯的商业化铺路，这比该公司预期的首个商业化产品早了10年。该公司正在积极消除对这些分子的健康和环境问题的担忧。三菱化工认识到消费者的担忧加剧了，因为没有政府批准的系统来监测、测试和认证纳米技术，于是自行推动了行业的监管。该公司与政府、学术领袖和其他利益攸关方合作，制定法规，限制人和动物接触纳米材料。三菱化工认识到，这种先发制人的合作与公众信任是取得行业成功的必要条件，也是避免在产品发布后公众态度反转的必要之举。要知道，这种态度反转曾经损害了转基因作物，转基因作物的经验和教训强调了应对公众舆论的重要性。

在你所处的行业中，谁能够在竞争中先发制人地捕捉到微弱的信号并采取行动？除了研究自己的公司和行业的负面影响外，问一问哪些公司在察觉外围变化方面做得特别好，也是具有建设性的举措。他们的秘诀是什么？在某些情况下，这种非凡的洞察力可能纯靠运气。但是，如果一个组织在观察外围方面做得很好，那么在某些潜在的做法上也许值得效仿。

例如，美国BB&T公司（Branch Bank and Trust Company）是美国南部一家快速增长的金融投资控股公司，其足迹从佛罗里达州延伸到美国东北部。该公司善于发现扩张机会，在15年的时间里收购了159家银行、储蓄机构、保险公司和其他公司。他是如何做到的呢？在这个案例中，领导者通过提出的问题和随后的行动定下基调。BB&T由约翰·艾利森（John Allison）领导，他因广泛的兴趣而闻名。员工们惊讶地发现，他每月读几本新书，邀请银行界以外的演讲者前来演讲，并且鼓励管理者进行探索。作为董事长兼CEO，他试图灌输深刻的价值观，其中就包括好奇心。这些价值观帮助他和其他人发现银行业新的收购机会，以及BB&T收购新的银行时可能出现的整合问题。BB&T公司还采用严格的流程来确定潜在收购目标，并根据客观标准和更主观的因素（如文化契合度）对目标进行筛选。

各行各业都有自身的一些成功组织的案例，这些组织很好地审视了外围。列出这些组织的清单，评估他们与你自己公司的相似之处，并探索你有可能采用的最佳实践，是一个开始改进自身外围视野的好方法。然而，与他人进行比较，充其量只是一个起点，是一种追赶竞争对手并减少自己遭遇意外事件可能性的方法。要想从竞争意义上真正受益于外围，仅靠沉湎于过去是不够的。还必须研究现在和将来，就像下面讨论的那样。

研究现在

本组问题侧重于在当前环境中可能缺失的内容。哪些信号也许就出现在你面前，你却没有看到？你是怎么看到它们的？你的注意力不曾抵达的地方都发生了什么？

哪些重要的信号是你认为合理的？正如马克斯·巴泽曼（Max Bazerman）和迈克尔·沃特金斯（Michael Watkins）在他们的著作《可预测的惊喜》(*Predictable Surprise*)中指出的那样，几乎所有的意外事件都有其先例。他们以"9·11"和安然（Enron）事件为主要例子来阐述。然而，人们有一种强烈的意愿来忽视警告信号，假装一切安好。我们越是聪明，就越善于为即将到来的厄运找借口。当这样的弱信号表现为明显的威胁时，往往为时已晚。例如，人们假设坠落的泡沫绝缘材料不会对航天飞机构成严重的威胁——哥伦比亚航天飞机事故调查委员会将这一假设称为"常态化偏差"①的态度，却不幸地带来了灾难性的后果。对于管理者来说，最根本的问题是如何从噪声中分离出信号。由于对每一个弱信号逐一进行评估是不切实际的，因此我们需要一些经验丰富的人来甄别优劣。虽然这在很大程度上取决于管理者的直觉，但仔细思考人们可能会忽略哪些信号，有助于唤醒这种直觉。

为了直面眼前的现实，管理者应当邀请组织内外部人士（如渠道合作伙伴、供货商和行业专家）坦率发表意见。重点应是组织主要关注领域之外的、可能对组织的核心领域构成威胁的信号或发展趋势。

但怎样辨别重要的信号呢？我们发现，一个好方法是选择某个信号，使用情景规划（见图2-1）或其他激发管理层想象力的未来描绘技术来快速推演它的发展。放大信号和探索环境改变的另一个方法是通过特定的镜头来观察世界。例如，墨西哥水泥公司西麦斯（Cemex）利用所谓的"创新平台"思考由于环境变迁而引起的创造性的选择。该公司考虑的一个主题是区域经济发展。管理者问："在区域经济发展中，我们可以充分利用哪些机会？"然后探索并确定了两三个可靠的机会，进而转向构思、筛选和开发。结果该公司认识到，必须减少为中低收入家庭建造住房所需的时间。这种认识使得"加快建造（住房）"的流程应运而生。

---

① 常态化偏差是美国社会学家戴安娜·沃恩（Diane Vaughan）使用的一个术语，用于描述偏离正确的现象或正确行为的偏差在公司文化中得以常态化的过程。——译者注

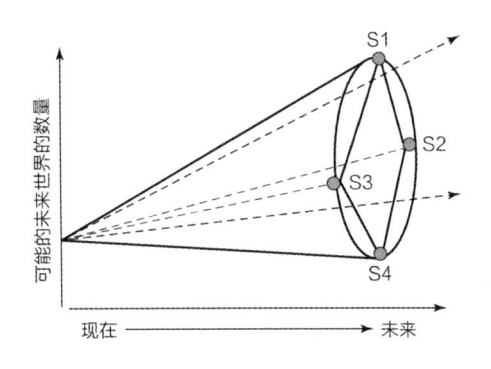

图 2-1 不确定性的锥

注：S1 到 S4 表示未来的情景。

关注客户的见解也可以启动这一流程。例如，西麦斯公司的一位客户指出，技术工人短缺是建造新房的一个关键挑战。这使得该公司提出了为客户提供模具的解决方案，房主可以用模具来自己制作混凝土块。有了模具，房主可将混凝土倒进模具，不再需要像大型工厂那样由熟练工人来做这些事。这为公司创造了近 3000 万美元的价值，并将小型住宅的建造时间从 24 天缩短到仅 3 天。通过系统地思考环境变化情况或重大趋势的影响，西麦斯公司从中发现了新的机会。

那些特立独行者想告诉你什么？ 大多数组织外围都有持激进观点或不同信念的特立独行者，但人们很少采纳他们的见解。组织可以与外部的和其他的特立独行者联系，或者有意识地培养这种关系。你的公司必须找到这种见多识广的人，他们避开传统思维，对企业或业务有着不同的想法。他们可能是天生就对公司发展方向不满意的特立独行者，也可能是技术研发或销售等领域的天才，对新客户和新技术有着深刻的见解,从而为新业务想点子、出主意。他们发现了哪些转变的风向?正如安迪·格鲁夫在他的著作《只有偏执狂才能生存》(*Only the Paranoid Survive*)中指出的那样,大多数特立独行者很难向高层管理者解释自己内心的感受,导致后者常常是最后才知道的那个人。

除了向特立独行者咨询,仔细倾听普通员工的意见也有助于从其观点中发现重要的见解。智慧并不总是自上而下的,所以倾听来自组织内部的弱信号也很重要。高效的领导者拥有广泛的内部和外部关系网。例如,一些 CEO 会定期与不同级别的员工开会探讨,专门了解弱信号。

回顾一下制药商欧加农(Organon)公司是如何意识到一种新型抗抑郁药的潜力的。该公司是阿克苏诺贝尔公司(Akzo Nobel)的子公司,其研发的一种新型抗组胺药的临床试验未能证明它能有效治疗花粉热和其他过敏症,但一位参与管理试验的秘书注意到,一些参加试验的志愿者心情特别好。在许多组织中,这个弱信号在外围仍然是孤立的。但由于欧加农公司中存在一种鼓励对话的文化,当这位秘书告诉管理者要重视这一现象时,管理者于是进一步探讨了这个问题。他们意识到药品试验中治疗组的患者往往比对照组的患者心情更好。通过偶然的机会和进一步探索,他们发现这种新药实际上是治疗抑郁症的有效药物。欧加农公司成功研发并上市的药物为托尔冯(盐酸米安色林)。制药行业还有其他意外发现的例子。只有洞察型组织才能利用这种偶然机会。

外围客户和竞争对手到底在想什么？ 大多数管理者理所当然地感到他们很好地把握了市场的现实情况，但他们通常关注当前的客户群和竞争对手，而不是更广泛的潜在客户和潜在竞争对手。当然，公司必须高度关注对当前收益贡献最大的客户或者处于其雷达屏幕中心的竞争对手，但他们能从"投诉者"和"叛逃者"身上学到许多，因为大多数公司每年都会出现12%~18%的"流失客户"或"叛逃者"。销售失地报告和对竞争对手赢得合同的事后分析能够揭示问题，但只有那些着重分析原因的人们，才会愿意深入挖掘并分享他们的学习成果。

公司还可以通过监控博客、聊天室和专门痛斥某一产品或某公司的网站来了解客户的不满。例如，1998年12月，宝洁公司（Procter & Gamble）通过网络聊天室发现了一些未经证实的谣言，称其织物除臭剂纺必适（Febreze）对宠物有害。该公司立即做出回应，并从美国防止虐待动物协会（American Society for the Prevention of Cruelty to Animals）和其他受人尊敬的权威机构获得了支持，以平息谣言，从而避免了引发大规模的消费者抗议。

分析当前客户的"钱包份额"（相对于你的竞争对手、特定客户在某一类别中的购买数量占公司的百分比）提供了与仅仅检查市场份额（整个市场是如何划分的）截然不同的观察视角。消费者的大部分支出都去了哪里？公司怎样才能获得更大的份额？倾听"投诉者""叛逃者"和监控博客（在第3章中讨论），可以为这些问题提供重要的见解。

公司还可以考虑扩大客户群。例如，印度科技公司 ITC 通过将重点从城市地区转移到农村地区发现了大量的商机（见插文《举全村之力》）。由于你目前对业务的假设，你忽略了哪些客户？怎么来质疑这些假设？

举全村之力

当许多公司将注意力集中在印度无障碍的城市地区时，ITC 公司意识到农村周边市场的潜力，并找到了通过技术将这些市场聚集在一起的方法。传统观念认为农村是一个缺乏吸引力的市场，基础设施薄弱、分销链长、收入相对较低。但 ITC 认识到利用先进通信技术将印度的农村农民与全球市场联系起来的机会。该公司创建了电子集线器，每个集线器都由当地一位农民赞助，服务于周围的几个村庄。

这些曾经依赖当地谷物贸易商的农民现在可以通过 ITC 的 e-Choupal 网络在芝加哥期货交易所查询大豆期货，该网络由个人电脑和卫星网络支持。农民们也使用同样的系统进行电子商务。大多数公司忽视了这些农村消费者，但 ITC 通过密切关注这个市场并制定创造性的解决方案来满足该市场的需要，搭建了一个蓬勃发展的网络。到 2003 年，ITC 已拥有超 300 万农民客户（他们通过 5000 多个中心联系起来），处理了价值 1 亿美元的交易。这是远离受到重点关注的城市中心的内陆地区的一个重要商机。

就像狭隘地看待客户可能会限制机会一样，只盯着直接竞争对手也可能掩盖来自其他方向的竞争威胁。在航空、化工、大型计算机等各行各业中，长期威胁更有可能来自那些提供更廉价产品或服务，而不是更复杂产品或服务的公司。例如，事实证明，对美国联合航空公司（United Airlines）来说，真正的竞争对手是西南航空（Southwest Airlines）等地区性航空公司而不是美国航空（American Airlines）等传统航空公司。现有企业应当问问自己，哪些低端生产商可能从外围进入对价格敏感的市场。同样地，管理者也应当问问自己，他们的合伙人可能采取什么样的威胁行动。他们能向前整合还是向后整合？波特的五种竞争力①，每一种都不容忽视，尤其是对那些有进入市场潜力的非传统竞争者来说。

展望新的未来

过去和现在都是很好的起点，但它们可能不是预示未来的最好指标。下一个问题特别关注未来，因此就如何有效地审视当前的外围情况提供了进一步指导。

未来有些什么意外（或惊喜）可能真正伤害（或帮助）我们？
未来是否还会发生与已经发生的意外事件同样影响巨大的事件？你

---

① 波特的五种竞争力分别为：供应商的讨价还价能力、购买者的讨价还价能力、新进入者的威胁、替代品的威胁和行业内现有竞争者的竞争，它是迈克尔·波特在20世纪70年代提出来的，许多人认为这五种竞争力不是实际操作的战略工具，而属于一种理论思考工具。——译者注

可能希望在对未来5年或10年的展望中投射出过去40年见证过的那种波动性。例如，在金融服务业，未来会有什么意外事件像信用卡问世或废除《格拉斯-斯蒂格尔法案》（Glass-Steagall）那样重大？如果你从事的是与家庭烹饪相关的行业，将来会有些什么发明能与冰箱或微波炉的问世相媲美？

管理者有时使用一个理想化的未来，然后开展逆向工程，以设想实现这个未来所必须发生的意料之外的事件。系统思维大师拉塞尔·阿克夫（Russell Ackoff）称这种方法为"理想化的设计"，因为这要求具有系统思维的团体根据未来的理想来设计。例如，20世纪70年代，贝尔实验室（Bell Labs）要求其研究人员想象整个贝尔电话系统被摧毁的情景，然后让他们设想和创造未来的电话，而不必担心当前的限制或局限。他们摆脱了过去的束缚，设想了电话系统的语音邮件、呼叫转移、自动拨号和语音命令等理想的功能。虽然我们现在已经习惯了这些功能，但在当时，它们还是一些全新的功能，远远超过美国电话电报公司在20世纪70年代所提供的那些通信方式，并激起了新功能的研发。

同样地，W.钱·金（W. Chan Kim）和勒妮·莫博涅（Renée Mauborgne）合著的《蓝海战略》（Blue Ocean Strategy）也鼓励管理者超越传统行业和市场定义进行思考。他们认为，真正的机会存在于市场、渠道和行业之间的空白地带。他们提供了许许多多的例子，来例证各公司如何在很大程度上并不存在竞争的领域之中创办新企业。例如，太阳马戏团（Cirque du Soleil）填补了传统马戏表演与古典戏剧之间的空白。该团放弃了昂贵的"道具"（如动物和明星演员），增加了故事情节和神秘感，并且以类似于音乐剧的复杂方式运用音乐。多年来，这种综合性产品在没有激烈竞争的情况下大获成功。

管理者也可以问自己，作为市场的新进入者将如何经营好自己的企业，或建立内部团队，或引入外部人员，以释放弱信号。最近，一个顾问团队设想了一家新一代汽车公司，以挑战汽车行业的传统做法。他们设想一家"虚拟"汽车制造商，将几乎所有的汽车制造工作全部外包，从设计到物流、租赁再到售后服务。汽车的零部件由低工资国家的供应商网络来制造。组装在微型工厂完成，这些工厂尽可能接近当地市场，在这些市场上分销少量的汽车。该公司还将把汽车租给顾客，并在车辆使用期内保留所有权。这种模型的元素——弱信号——已存在于各行各业之中。

哪些新兴技术可能改变游戏规则？ 许多公司擅长追踪可能影响其业务的现有技术的发展，但这种聚焦可能转移了人们对未来也许十分重要的新兴技术的注意。例如，第三代（3G）无线通信技术受到了 2.5 代性能改进的挑战。上一代的升级出乎意料地改善了功能，削弱了 3G 技术的好处。

管理者必须把他们的引导性问题集中在可能使新兴技术茁壮成长的客户上。应当检查 3 个客户群体：服务过度的客户，他们更多地考虑现有解决方案而不太考虑自己的需要；服务不足的客户，即这些解决方案不足以为其提供良好服务；那些缺乏从技术中受益的技能和资源的边缘客户。如果音乐产业早在互联网刚刚出现的1996年前后就分析这些客户的情况，那么该行业可能早已察觉到了点对点下载现象，并意识到这种下载满足了一种未得到充分满足的需求：渴望收听网上大量未整理的曲目。有了这样的理解，合法的文件共享模式也许会更早出现，并且阻止由纳普斯特（Napster）点燃的非法文件交换的自由。

选择追踪观察哪些技术取决于具体的公司和行业，但在公司或组织中应当有人创造性地看待新技术如何影响业务。这正是通用电气（General Electric）在其destroyyourownbusiness.com（搞砸你的业务）项目中所做的事情，在该项目中，通用电气要求各业务部门应用互联网商业模式来颠覆其当前的业务。管理者在观察技术发展的边缘时该走多远？大多数将在短期内，如10年左右的时间，影响企业的技术，现在就在某个地方的实验室或日志里，甚至可能在公司自己的实验室里。关键在于公司的领导层能够在竞争对手之前看到这些技术的潜在影响。我们也可以对其他的趋势进行类似的探索，如人口变化、政治更迭和其他迫在眉睫的环境变化。

是否存在一种不可想象的情景？ 要想看到未来可能出现的意外事件的全部影响，管理者至少应当设想一种不可想象的情景。这种情景需具备以下特征：虽然看似合理，但人们觉得不太可能，因此认为不值得考虑而不予考虑。明确地考虑这些不可想象的可能性（无论它们是积极的，还是消极的），你就能开始认识到，在当前环境中，解读信号的方式有很多。如果没有这种干预，头脑就会自然、强行地将任何微弱的搅动融入预先存在的心智模型之中。例如，在一个实验中，当实验的参与者看到一副扑克牌中的黑桃故意做成红色时，他们通常将其识别为红桃，因为他们会将这张异常的牌放入众所周知的四套标准花色的牌中，所以很难想象会有这样一张牌存在。但是，如果实验参与者已经事先知道"红黑桃"存在的可能性时，就能发现它。

因为我们通常对自己的知识过于确定，所以低估了未来真正的不确定性。例如，在20世纪90年代初，本书的一位作者帮助委内瑞拉石油公司（Petróleos de Venezuela SA，PDVSA）构建未来的设想。从石油价格到出口市场，通常的未知因素受到了很多关注，但不管怎么说，委内瑞拉实际发生的事情都是人们从未预料到的：一位领导人乌戈·查韦斯（Hugo Chavez）即将上台，他将挑战当局，宣布戒严令，将石油公司国有化，并在某个周日下午在一次全国电视讲话中解雇所有高管。这种可能性的迹象是否已经出现在政治版图中？现在回想起来，它们确实在那里，但这种情景不可想象，至少在委内瑞拉石油公司的领导者心目中是这样。同样地，柏林墙的倒塌也是许多政治家和组织没有预见到的情景。

相比之下，当安然联邦信贷联盟（Enron Federal Credit Union）在1999年制定方案时，管理者不情愿地考虑了其母公司破产的惊人可能性。当时，这家企业巨头受到了全世界投资者、媒体和商界领袖的赞扬，但当这一不可想象的情景真正成为现实时，安然联邦信贷联盟能够更好地迅速做出反应并且幸存下来，部分原因是它已经接受了这种可能性。冲击即将来临的早期预警信号往往在外围隐约可见。尽管如此，信贷联盟领域已经出现了许多企业赞助者突然消失的案例，通常并不是由于欺诈，而是由于合并和收购，而附属的信贷联盟经常与母公司一同倒闭。如果你去深挖这些预警信号背后的含义，然后将它们组合成看似牵强的情景，就能更清楚地看到外围的威胁和机会；否则，你可能简单地忽略异常状况，或者将其吸收到你当前的世界观之中。

小结：望远镜和显微镜

一些时候，正确的观察工具是望远镜，用来察看空中的情形；另一些时候，适当的观察工具是显微镜，它更适合十分详细地检查局部。如果你清楚应当回答的问题，就更容易制定正确的范围来寻找答案。本章中关于过去、现在和未来的问题可以帮助你阐明可能值得投入更多注意力的外围领域。你会发现拼图中缺失的部分，会像福尔摩斯那样注意到"半夜狗不叫"[1]，然后你可以将范围扩展，以囊括这些缺失的部分，这样一来，当你开始连接这些点时，就有了正确的点来连。

我们提出的引导性问题是一个可靠的出发点，可以就积极搜索

---

[1] "半夜狗不叫"是福尔摩斯探案中提到的。有一名马主人报案，说马在夜间丢了，福尔摩斯了解情况后分析：马厩前养有一只猛犬，马被盗时，这只狗并没有叫。他经过分析后得出结论：马为主人自盗。——译者注

外围的范围展开战略性对话。要解决哪些问题，取决于你的战略、环境中先前的压力、高层管理人员的担忧，以及正在传递的弱信号。借助揭示各种不确定性的方法，如情景分析方法和战略风险管理方法，我们可以进一步明确正确的问题是什么。

正如指导性问题所揭示的那样，范围的选择不是一成不变的。这是一个不断迭代的过程，以引导组织的好奇心。你必须根据搜索当前外围的结果不断检查和刷新这些问题（关于经济学和运筹学中搜索规则的进一步讨论参见附录B）。如果某个具有发展前途的领域没有显示任何重要的信息，那么你也许应当缩小搜索范围。在接下来的章节中，搜索和解释外围的过程产生了新的见解，这些见解也可能引起新的问题。这是一个真正的学习过程，借助这个过程，你可以定位你的公司，预测未来将发生什么。

第 3 章

搜索
如何观察

> 并不是他们不能看到解决方案,而是他们看不到问题。
>
> ——吉尔伯特·基思·切斯特顿
>
> (G. K. Chesterton)

一家医疗设备公司提出一个带有挑衅性的问题来质问自己:"哪些新兴的药物疗法可能取代我们的设备业务?"正如第2章讨论过的那样,借助这个问题,该公司扩大了自己的观察范围,从只是重点关注相互竞争的医疗设备制造商扩展到重点关注更广泛的一系列竞争对手与客户。然而,一旦范围扩大,管理者又如何开始回答类似这样的问题呢?为了验证其假设,来自该公司的一个团队负责创建一种可能破坏其现有业务的疗法或商业模式。

这需要团队成员积极地寻找新的方式来思考市场、新兴技术及新的商业模式。这个问题转移了公司的注意力,从原来的着重关注医疗设备领域的传统的直接竞争对手,转移到了关注药物治疗和相关企业及学术研究领域的潜在竞争对手。该团队还需放眼当前的客户和竞争对手,搜索消费者对药物治疗的态度,并且与医疗设备进行比较,考虑可能重塑环境的更广泛的社会和监管力量。为了看到更多的外围区域，组织必须改变搜索方式。

第2章的问题有助于确定组织在何处寻找外围的弱信号。在本章中，我们将考虑组织如何观察这些新方向。要察看外围的新的部分，管理者必须运用不同的搜索方法。在本章中我们介绍一系列的搜索方法来捕获和放大目标外围区域内的弱信号：公司内部，客户和渠道，竞争空间（竞争者和互补者），技术、政治、社会和经济力量，影响者和塑造者等。

主动搜索

主动搜索和被动搜索是有区别的。所有管理者都在搜索，但他们常常在被动搜索。他们只是竖起了天线，守株待兔般地等待外界信号的出现。他们不断接触大量数据，从模糊的交易传闻到销售报告、趋势研究和技术预测等更加确凿的证据。管理者监控关键绩效指标和其他指标，以评估责任、保持控制和指导六西格玛计划。[①]虽然这些系统在设计时可能构成了主动搜索，但今天的搜索大多数是自动化的和被动的。

尽管采用这种被动搜索方法的管理者也许觉得自己真的与外围保持了协调一致，但这也许是种错觉。由于大部分数据来自管理者熟悉的或者常规的来源，这种搜索模式往往强化而不是质疑普遍存

[①] 在平衡计分卡战略地图框架中发现的完全开发的度量系统也是如此，以说明战略如何将无形资产与价值创造过程联系起来。

在的信念。因为这些指标是严格制定的并聚焦于当前的运营，因此它们与主动搜索是相对的。在这种搜索模式中，不存在探究的空间。被动的姿态缩小了搜索的范围，减弱了好奇心，意料之外的和不熟悉的弱信号可能因此而丢失。

相比之下，主动搜索通常是对特定问题的回应，如医疗器械制造商提出的问题或者第2章讨论的指导性问题。主动搜索体现了强烈的好奇心，将焦点放在进一步向外的和更加模糊的外围边缘。例如，广告代理商及其客户可能被动地搜索电视广告活动或行业趋势的结果，但管理者可以积极地寻找这个问题的答案："网民越来越多，对广告越发怀疑，其结果会是什么？"主动搜索通常由假设驱动。如果涉及至关重要的问题，应当有多个假设。欢迎多种理论的组织更有可能组建搜索队，使用外部和内部人员组成的团队，采用不同的方法组合来搜索。所运用的科学方法是首先提出假设，然后观察、推测和测试。

随机挑选杂志：定向搜索与非定向搜索

在定向搜索中，管理者寻找特定问题的答案，但主动搜索也可以是非定向的。非定向搜索涉及更加开放的探索。例如，巴克敏斯特·富勒（Buckminster Fuller）发现了一种非常个人的和系统的方法来搜索外围。他每次都会从机场的书店里随机挑一本杂志，然后在飞机上从头到尾看下去。如此一来，每一趟旅行，富勒都学到了新的东西，并以不同的方式看待这个世界。许多管理者可以在他们的日常旅行中添加这种替代阅读规则，尤其是现在，我们自定义了电脑屏幕和新闻简报，它们只为我们推送与我们的定制相关的内容。非定向搜索可能为我们不清楚甚至不知道如何表述的问题提供答案。

主动的、开放式的搜索在冲击的环境中尤为重要，在这种环境中，意料之外而且看似无关的数据可能变得更加重要。在复杂的环境之下，搜索必须以假设为驱动，但也必须是开放的。在稳定的环境中，被动搜索也许就够了，而在缓慢变化的环境中，被动的、开放式的方法可能会起作用。但是，理想情况下，你的组织会根据需要选择使用哪种方法。

溅射视野：看见森林和树木

以某种方式将定向搜索和非定向搜索结合起来可能是理想的。例如，美国联邦调查局（FBI）训练特工时使用一种名为"溅射视野"的搜索方法。包括采用这种方法从人群中找出可能的刺客：通过观察远处而不是专注于某一个人。一旦特工固定了视线，他就会从他看到的人身上寻找偏差或变化：这个人是不是焦躁不安，四处张望，慢慢地把手伸进大衣口袋？特工从数百张面孔中寻找一位单独的刺客，可疑的行动会引发更强烈的关注。平衡好定向搜索和非定向搜索，特工就可以在相当大的区域内发现蛛丝马迹。

将溅射视野应用到企业中，管理者可能使用一个宽泛的假设来帮助组织集中注意力，但他们还必须对可能超出这个原始假设的新信息持开放态度。组织可能有一系列广泛搜索全球的监测部门,该部门的职责是回答战略问题,并且与特设工作组或机动突击小组相结合,后者可以有针对性地探索特定的热点。这种方法需要广阔的视野,而无须仔细监测地球上每个角落的细节,毕竟这么做既成本高昂,又极为复杂。

外围特定区域的搜索策略

如图3-1所示,不同的外围区域需要不同的搜索方式。有些是竞争情报、技术预测和市场研究的主要内容,其他一些则利用新技术来搜索网络,或者通过隐喻诱导、首批用户分析、趋势追踪观察,以及其他方法来深入了解消费者。我们依次研究这些外围区域,并且为实际方法提供指南。

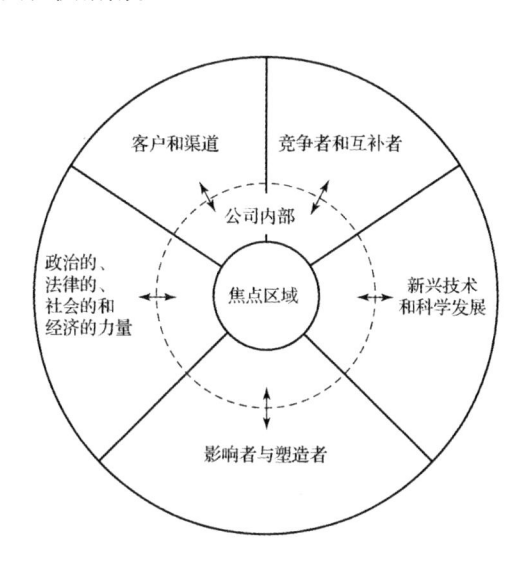

图3-1 从外围捕捉弱信号

开始搜索内部

主动搜索的过程可以从锁定对公司内部的洞察开始。在许多组织中，这种对内部的洞见并未很好地与决策者联系在一起。例如，某公司的CEO正在收集与竞争对手无关的信息。在一次高级管理团队会议上，负责制造的副总裁不经意地提到，竞争对手一直在购买类似的设备，打算与该公司进行正面竞争。这种竞争情报是公司内部的，但直到这次会议之前，副总裁对战略问题的理解还不够透彻，不知道它是有价值的。组织的规模和观察范围造成了情报不协调、分散的问题。从字面上讲，组织不了解自身知道什么，也不能把集体的洞见呈现出来并有意义地整合它们。

公司的规模越大，与外围的接触点就越多。销售人员经常与客户保持联系，研发团队在展会上听取小道消息，零售店员登记对新产品的投诉和需求，财务人员了解竞争对手的资金需求。每一个接触点都可能成为一个有价值的倾听点。例如，大多数公司都设有呼叫中心，但许多公司认为要最大限度地压缩呼叫中心的运营成本，而不是将其作为一个有益的倾听点。不过，通常情况下，这些与客户有直接联系的员工往往缺乏分辨并适当解释弱信号的专业知识。

为了提高在组织内部捕捉外围洞见的能力，必须做到以下三点：拥有适当的和可见的信息共享渠道；对引导搜索的问题具有充分的了解；制定实际共享有益信息的激励机制。人们必须进行频繁和自由的对话，才能自然地产生必要的联系。这反过来又需要一种信任、尊重和好奇的文化，此外还要认识到信息共享至关重要。大多数公司仍保留着一种在"需要知道"的基础上共享信息的模式。在第7章中，我们将更深入地探讨知识共享的能力。

倾听市场的呼声

除了内部搜索，企业还可以向外搜索客户或渠道。消费者可能以意想不到的方式引导或改变特定产品的预期用途，如使用手机发短信。虽然手机键盘不是为方便操作而设计的，但消费者（尤其是青少年）热衷于用手机发信息，并且通过巧妙的缩写克服了设计上的局限性。消费者还通过使用维生素和其他替代疗法塑造医疗保健空间，如脊柱按摩和顺势疗法，这些疗法独立于主流的西方医学发展。然而，财政决算、区域销售数据、新闻发布、定期市场调查和其他来源的大量常规数据往往遮蔽了市场的外围。

互联网的兴起加剧了信号的雪崩，也创造了机会，使得公司能以前所未有的程度了解消费者的想法。日益强大的工具有助于监测和解释互联网中的很大一部分内容，如卫星风暴跟踪系统，以确定商界即将出现的是风暴还是平静的模式（见插文《驾驭网络》）。

驾驭网络

在哪里可以找到下一个麦当娜（Madonna）或者娱乐界的下一位新星？在这一领域寻找前进信号的一个好地方是阅读高中报纸。在出版物的世界里，与美国高中报纸保持同步是一项艰巨任务，但现在，我们可以在网上搜索其电子版，甚至可以从这些外围出版物中发现趋势。通过在网上搜索，大公司有能力了解默默无闻的少年记者的想法。

虽然互联网会造成危险的数据过载，可能使得外围视野变得模糊，但新技术可以帮助提取洞见。IBM 名为 WebFountain 的网络搜索技术吸收大量的互联网数据，创造了一个主动搜索和提问的平台。基于 Web 访问协议和与内容生产者的自定义协议，WebFountain 以每天大约 5000 万个新页面的速度吸收网络内容，包括网络页面、博客、公告板、企业数据、授权内容、报纸、杂志和行业刊物。网络上的大多数信息是非结构化的。WebFountain 为处理结构化的和非结构化的数据的高级文本分析解决方案提供了集成的基础设施。该系统由 IBM 正在进行的研究项目支持——5 个国家的 250 多名科学家从事高级文本分析研究。

WebFountain 可以用来追踪了解企业声誉，检测负面宣传或投资者不满情绪，追踪观察趋势和竞争信息，识别新冒出的竞争威胁，并且了解消费者态度。但是，这个工具的功能并不比用户提出的问题的质量好多少。

理解客户和渠道的变化的问题往往受到傲慢心态（例如，产生这种想法："我们知道市场想要什么，因为我们在那里向他们销售"）和自满情绪（例如，产生这种情绪："这些信息对我的前任来说已经足够好了，所以对我来说也足够好了"）的阻碍。公司可以通过积极搜索外围的各种方法来克服这种封闭心态。这些外围搜索方法如下。

（1）观察"投诉者"和"叛逃者"。正如第 2 章所讨论的那样，通过向"投诉者"和"叛逃者"了解情况,可以克服对顾客的短视。这两类客户都在他们的需求未得到满足时表达了一种挫折感,尽管表达的方式各不相同。这可以为深入了解日益增长的不满情绪的来源或潜在市场机会提供洞见(见插文《留意博客》)。

(2)**追踪趋势**。追踪更广泛的社会趋势有助于发现创造新价值的机会。Iconoculture等咨询公司监测人们生活方式的趋势,然后研究这些趋势中包含怎样的商机。其他一些组织有的追踪社会趋势,如扬克洛维奇(Yankelovich)或法国阳狮(Publicis);有的追踪技术发展趋势,如高德纳(Gartner)或福雷斯特研究公司(Forrester);还有的追踪政治趋势。

留意博客

2004年9月12日,一位自称"不美观"(Unaesthetic)的自行车爱好者在一个在线讨论小组上发帖称,氪星锁可以用一支普通的圆珠笔撬开。一些知名博主很快转载了这篇文章,并在网络上传播。一周后,英格索兰(Ingersoll-Rand)旗下的氪星石公司(Kryptonite)发布了一份模棱两可的声明,称其下一批锁将"更牢固"。但不满的情绪继续蔓延,这个问题从博客渗透到主流媒体,《纽约时报》和其他出版物上都出现了相关报道。在媒体关注的驱使下,截至9月19日,预计180万人看到了有关氪星锁的帖子。氪星石公司现在遇到了严重的问题。9月22日,也就是在最初的帖子发布10天后,该公司宣布将免费更换任何受影响的锁,估计要付出1000万美元的代价。新闻主播丹·拉瑟(Dan

Rather）和美国参议员特伦特·洛特（Trent Lott）也了解到，博客可以将微弱的信号从边缘迅速传递到核心。各公司可以通过仔细监控博客了解很多东西。太阳微系统、谷歌和雅虎等公司创建了自己的博客，积极与客户和员工沟通，并且了解外围正在出现的问题。

（3）寻找潜在的需求。将潜在需求定义为"可见一斑但还不是显而易见"的、包含了严肃信息的需求，这样的定义本身就有点异想天开。寻找潜在需求弥补了结构化市场研究方法的不足，这些方法采用固定的尺度，从大样本中获得标准化的反应。虽然它们抓住了接近表面的明显需求的差异，但仍然掩盖了潜在的需求和未解决的问题。正是基于这些潜在需求，财捷集团（Intuit）学会了如何从个人理财软件转向易于使用的报税软件，后来再转向小型企业的会计软件。

我们已经设计出大量方法来帮助公司发现潜在的需求，如识别问题、讲故事，以及深入探究潜在信念的"阶梯"方法。还有其他一些方法可进一步阐明消费者的价值观和态度，如观察产品的购买情况（如索尼和夏普等公司的"直销商店"所做的[1]），深入研究客户经济学（包括"花一天的时间和客户一同生活"），以及隐喻诱引方法。但是，如果不仔细倾听、剖析故事中的信息并且观察行为，所有这些深挖都将是徒劳的。

---

[1] 这里是指向消费者展示原型产品，以测试和鉴定其反应。

（4）**充分利用首批用户**。这些用户领先于市场上的其他用户来体验市场需求，并且正在着力更快地找到解决方案。他们甚至可能已发明一种新颖的解决方案。修正液、运动内衣和佳得乐等产品的存在，都归功于领先更广泛市场并且形成了一种微趋势的首批用户。公司可以向这些首批用户了解情况。例如，冰箱制造商可向研究超导性的科学家了解冰箱的情况，要知道，要达到超低温，必须掌握先进的制冷技术。这些科学家对冰箱的需求可能为消费者或工业市场的高端产品（如鱼类批发商使用的速冻机）的创新机会指明了方向。

（5）**寻求即时反馈**。客户有时可通过参与在线社区来了解产品的研发情况。原型软件可让潜在客户创建或修改设计，允许公司即时筛选概念。潜在客户的反应也能给出可能存在的问题的早期信号。国家农场（State Farm）最近向其新成立的在线社区询问，是不是可以在车内安装监控驾驶行为的黑匣子，同时给安装了这种设备并承诺安全驾驶的司机打折。但大多数小组成员不喜欢这个想法，因为他们认为这侵犯了隐私。这种小规模的测试和快速的反馈使公司避免了将资金投入到更广泛的计划之中。

（6）**寻找先驱**。先驱分析寻找的是一个国家或全球的某个地区。在那里，潮流、时尚或技术创新往往出现得更早。在美国，人们通常认为加州是各种社会趋势的领头羊。如今，玩具、手机、视频游戏和汽车的制造商们正将目光投向日本，以寻找未来将出现在美国和欧洲的趋势。韩国可能为美国和世界其他地区宽带及无线技术使用的未来提供洞见（见插文《增大你的带宽》①）。服装品牌匡威（Converse）等使用猎酷手（Cool Hunter）②和趋势追踪者作为早期预警雷达，以预测新兴的趋势和市场模式。猎酷手拿着相机和笔记本在街上闲逛，寻找新的潮流。猎酷手已经发现了一些趋势，如复古风的兴起，这使得匡威一星（Converse One Star）运动鞋重新流行起来，也使得VIP文化日益发展壮大，这种VIP文化就是通过限量版商品、俱乐部VIP房间和白金卡营造一种排他的感觉。

（7）有效挖掘可用数据。零售商、银行和其他收集大量客户数据的组织正在使用数据挖掘技术来分析其数据库，以便从中发现模式与趋势。随着预测分析的新发展，预见未来趋势的可能性越来越大。这种数据的使用可以帮助更有效地细分市场。例如，一家汽车保险公司了解到，虽然跑车司机总体上更容易发生事故，但把跑车作为第二辆车的人们并不会比其他司机更容易发生事故。这些方法的另一个有价值的用途是识别快速增长的细分市场，而公司在这样的细化市场中所占份额并不大。

---

① 政府的支持、在文化上对游戏的长期迷恋，以及三星等世界一流的本土电子公司的存在等，都加速了韩国宽带的普及。

② 猎酷（Cool Hunting）是20世纪90年代早期出现的一个说法，是指一个新兴的市场营销团队，他们的工作是观察和预测当前或新的文化潮流变化。猎酷手（Cool Hunter）则研究最新流行趋势、时尚潮流以及相关理念，并将研究成果出售给公司以使他们能够将这些信息融入最新的产品中去。——译者注

增大你的带宽

宽带和无线的未来会怎样？韩国或许有了答案。韩国超过75%的家庭接入了宽带，75%的人拥有手机，因此韩国是开拓其他市场的先驱。手机已成为人们的"生活遥控器"，用户可以用手机登录银行账户，查看体育赛事，玩游戏，听网上下载的音乐。能读取射频ID标签的新型手机将告诉用户超市新鲜农产品的保质期。韩国的智能家庭有可以上网的冰箱，这种冰箱配有平板显示器和摄像头，可在孩子放学后照看他们。类似TiVo①的功能无处不在，可以快速、简单地下载音乐和视频。智能家庭拥有联网电器，包括空调、微波炉、洗衣机和机器人吸尘器，所有这些都可以远程控制。正在规划中的是基于卫星的宽带网络，可将电影和电视节目传送到行驶中的汽车上，以及能够进行测试并每天向家庭医生传递诊断信息的智能厕所。正如惠普总裁兼CEO梅格·惠特曼（Meg Whitman）所说的那样，韩国提供了一扇"通向高速宽带可能性的窗户"。通过观察这些先驱，并且理解增长的驱动力，你可以在了解技术和市场变化的潜在影响时增大自己的带宽。

（8）倾听渠道的呼声。零售商、批发商和其他中间商的员工经常是第一个听到关于终端用户或未知竞争对手的新产品等市场变化的人。当然，分享他们知道的东西也许并不总是符合他们的利益诉求，但和他们交谈总是值得的。对于大型供应商和零售商来说，电子连接有助于监控销售和趋势。当经济价值和权力向下游转移到这

---

① TiVo是一款数字录像设备。——译者注

些渠道时，借助这些渠道来察看市场并预测市场的动向就尤其重要了。市场上的参与者计划在哪里发展？供应商和零售商将支持多少供应商？会多快采用射频身份标签来追踪产品？

研究竞争空间

对大多数公司而言，竞争对手就处在焦点视野之中。[①] 他们是每一场战略规划会议的主题，公司聘请专家来监测他们，管理者在"实战演练"中扮演他们的角色，预测其行动并进行反击。对少数目标竞争对手痴迷地关注，是资本密集型行业生存的关键，因为在这些行业中，竞争已沦为零和博弈。对专利申请、游说活动、市场测试、招聘行为的变化以及直接竞争对手的其他举动的仔细关注也值得称赞。我们还能怎样理解竞争对手的意图呢？但如果眼前可见的威胁总是占据优先地位，管理者的注意力就会从潜伏在外围的新竞争对手身上转移开。

像激光一样聚焦直接竞争对手不仅会导致短视，还将鼓励模仿战略，而且现有企业在同样的价值主张和产品范围的选择上将会明显趋同。当每个人都同样地观察和竞争时，可能开辟出一些没有竞争的领域，吸引具有不同商业模式的新进入者。因此，更大的挑战是识别那些今天不是竞争对手，而明天可能成为竞争对手的组织。

[①] 关于竞争情报的文献有许多，主要（适当地）是关于理解核心竞争对手的能力和意图的。

以下是针对直接竞争对手短视的解决方案。

（1）**拓宽视野**。通用电气过去的格言是，其每项业务都要在行业内数一数二，同时在淘汰赢家和输家方面非常有效，这最终导致了对业务的锁眼视角，致使管理者狭隘地定义他们的市场，以达到理想的领导地位。这种狭隘定义限制了对潜在机会的认识，而专注于占主导地位的份额往往抑制对创造性新市场或新方法的洞察。因此，通用电气随后要求其业务领导者扭转这一框架——在定义市场时，只给予其10%的注意力份额。这一转变意味着他们要将90%的注意力集中在当前业务之外——其他竞争对手、地区、渠道和外围的市场机会。

（2）**警惕低端**。组织往往忽略或忽视低端的竞争对手。想想杜邦公司（DuPont）在20世纪90年代的经历。21世纪初，杜邦的管理者开始发现，该公司的所有业务都出现了令人不安的增长放缓，从涤纶聚酯等老牌业务到尼龙工程树脂等较新的业务。随着销售额下降和竞争加剧，这些业务的大部分市场都不愿为杜邦的高端产品支付溢价。杜邦的每一项业务都独立地决定专注于利润更高的高端市场，而将低价市场拱手让给来自外围的新竞争对手。低端市场的进入者则利用增加的销量降低了成本。

杜邦普遍缺乏对低端竞争对手重要性的认识，并且不得不从市场战略上撤退，导致产能利用率下降和单位成本增加，使公司更多地暴露在低价竞争中。为了从过去的经验中吸取教训，更好地为来自低端市场的进一步攻击做好准备，业务管理者聚在一起评估这一新的威胁及公司成功的和失败的应对措施。当他们开始理解这种威胁及为什么如此多的业务部门没有意识到这种威胁时，开发了早期预测低端竞争威胁和制定先发制人战略的流程。这些经理成了整个组织范围内的学习网络的核心，这一全范围的学习网络继续识别和消除那些造成公司盲点的根本原因。

加里·哈默（Gary Hamel）和C.K.普拉哈拉德（C.K. Prahalad）评价道，现有企业往往不理会那些资源禀赋不足的竞争对手。他们指出："如果能从竞争财富的无休止变化中得出一个结论，就是初始资源的地位很难预测未来的行业领先地位。"

（3）**制造一个虚幻的竞争对手**。为了让公司意识到潜在的新参与者可能躲过公司的"雷达"而进入市场，可以指派一个多学科团队来创建一个虚幻的竞争者，并且最好是假想他在市场上取得了成功。这样的团队需要利用他们对公司弱点和可能的市场变化的了解来制定一套完整的商业战略。本章开头提到的医疗设备公司实际上就是这样做的，该公司指派一个小组来检查药物治疗可能会如何损害其当前业务。公司自身能否采纳这一策略的某个部分？为了减少这样的竞争对手成功的机会，是否可以改变市场状况？

（4）**从互补者中获取线索**。互补者还可以洞察竞争对手的潜在意图或早期行动。互补者是指能够增强对你的产品的需求的任何产品或服务。例如，高清电视（HDTV）在销量腾飞前需要兼容的程序，反之亦然。互补者可能提供有关外围的线索并揭示竞争对手的意图。通过对竞争对手的观察，索尼发现微软的Xbox正在挑战索尼 PS2 模拟器在全球游戏机市场的主导地位。微软为游戏开发者提供了一个兼容编程工具的单一平台，可以在 Xbox 和基于 Windows 的个人电脑上开发游戏。由于游戏软件可以在这两款游戏机上运行，索尼作为游戏开发商首选平台所获得的优势可能受到损害。通过搜索互补软件的研发者，索尼认识到了微软的战略带来的威胁。

观察技术发展的方向

显然，公司的核心技术将是其关注的焦点，但哪些新兴技术可能改变游戏规则呢？尽管农业似乎与技术革命相距甚远，但农民和农业设备制造商必须监测拖拉机技术（例如，使用先进的全球定位卫星的新设备）、生物科学（例如，使用转基因种子），以及出售谷物和其他农产品的在线拍卖网站。特别是许多小型农场的农场主对这些来自农村经营外围的变化感到措手不及。

各组织如何能做到在田间照料农作物的同时关注这些未来的可能性呢？可以采用以下方法。

（1）**关注实验室**。许多技术突破的前景往往在"一夜成名"之前的 20~30 年都是看得见的。1968 年首次展示了电脑鼠标及超媒体和多窗口，但直到 1989 年，鼠标才作为苹果麦金塔电脑的一部分上市。①1843 年，苏格兰机械师亚历山大·贝恩（Alexander Bain）获得了通过电线传输传真的专利，然而，经过多次改进，直到 20 世纪 80 年代这项专利才在商业上大规模运用。要知道，一些未来的创新可能就"潜伏"在你们公司自己的实验室里。

（2）*广泛搜索*。对潜在技术的探索应当是广泛的。参加某场大会，或者花一天时间阅读《连线》（Wired）、MIT《科技评论》（Technology Review）或《科学美国人》（Scientific American）等杂志，都是低成本的调查方式。学术与技术期刊提供了更深入的研究，尽管它们需要更多的时间和更丰富的专业知识才能阅读。除了技术文献，还有许多别的地方可以搜索来自新兴技术的机会和威胁。

① 在公司内部由跨部门的团队来促进发现的交织影响。

② 通过提供可搜索数据库的公开技术许可。

③ 信息中介，如 InnoCentive 和 Nine-Sigma，他们将探讨中的公司与提供解决方案的独立研究人员联系起来。

④ 擅长发现新兴机遇的风险投资公司（许多公司为此设立了内部风险投资基金）。

⑤ 在科学或贸易会议上建立的非正式网络，可以为独立研究人员的作品融合提供见解。

（3）*寻求融合*。从外围预测某项技术的发展轨迹可能非常困难，

---

① 在 1968 年的一段视频中，道格·恩格尔巴特（Doug Engelbart）演示了一种名为"鼠标"的新型计算机设备的使用。这种计算机设备又花了几十年的时间才改变了个人电脑的界面，但如果有人留意的话，1968 年的视频里就出现鼠标了。

因为技术应用通常是通过多种技术流的融合而来的。当计算机技术和在线访问并行发展时，万维网就成了一股力量。手机的应用随着数字化而腾飞。互联网协议语音（Voice over Internet Protocol，VoIP）系统是在宽带互联网日益普及后才出现的。计算机打印技术可以与纳米技术和微电子机械系统（Micro-Electro-Mechanical-Systems，MEMS）在亚微米级的制造技术中相结合，创造了新的可能性。一个可能的结果是桌面制造，塑料或金属零件根据电脑的指示在本地一层一层地制造出来。在未来的发展道路上，一些人看到了通过车库中的先进"打印机"制造几乎任何东西的可能性，这种打印机可通过基于计算机指令的纳米技术操作，几乎将碳转化为任何东西。要对技术发展轨迹有更深入的了解，请关注融合的潜力。

（4）想清楚它的含义。一旦确定了潜在的技术，管理者就必须考虑它们的影响。例如，一家从事基因组学研究的保险公司可能会考虑，若是能够通过精算模型绘制投保人的基因，将会怎样改变其业务。MIT《科技评论》上的一篇文章介绍了研究人员奥布里·德格雷（Aubrey de Grey）关于延长寿命（可能是"永久"的延长）的研究成果，这给寿险公司带来了更复杂的挑战和机遇。即使这篇文章上的极端观点似乎距离真正实现还十分遥远，但它提出了突破的可能性，这或许会导致寿命的重大变化。例如，一些保险公司开始提供长寿保险，以保护那些生活支出超过其收入的人们。这些保单保证了一定水平的生活，类似于反向抵押贷款。寿命的延长将改变这类产品的整个市场环境。人寿保险公司如何为可能长生不老的客户开具保单？

像未来研究所（Institute for the Future）这样的组织可以帮助理解技术轨迹的一些更广泛影响。该研究所调查了不同的专家群体，以确定他们对未来环境可能怎样改变的看法，然后将这些关于技术和人口变化的不同见解编织成连贯的"技术地图"。这种分析从对技术的识别转移到对其更深层次含义的理解。单个公司可以探索这些更广泛的见解对其特定的市场和公司意味着什么。

从影响者和塑造者身上学习

影响者和塑造者是指其影响力超出自身外溢而出并惠及他者的人、团体和组织。行业协会、分析师、媒体评论员、学术专家、智库和顾问可以帮助确定和塑造趋势。这些群体的见解和议事日程可以联合起来，以探索外围的可能性。以下是一些较为知名的影响者和塑造者。

（1）媒体。想想《消费者报告》（*Consumer Reports*）的糟糕评级或者《华尔街日报》（*The Wall Street Journal*）、《金融时报》（*Financial Times*）对商业行为的负面报道可能造成的损害吧。媒体可以通过帮助塑造客户、投资者和其他利益相关者的态度，深刻地影响一家公司、一个行业或整个经济走势。因此，正如前面提到的那样，公司必须越来越多地监控博客、播客和其他形式的自媒体新闻。

（2）**名人或专家**。对于特定的行业，名人或专家与相关的信息联系在一起，从而成为美名远扬的源头。例如，一些研究人员和临床医生可能充当医疗产品信息流的看门人。在金融服务业，受人尊敬的分析师对投资决策有着巨大的影响。问问你自己，这些意见领袖在说什么？他们的意见对你公司的未来有什么影响？

（3）**文化偶像**。在体育、媒体和娱乐领域，少数人的观点可以影响多数人的想法。从鲍勃·迪伦（Bob Dylan）到麦当娜，再到波诺（Bono），这些文化偶像往往走出他们自己的领域，提出了政治的和社会的建议。明确这些偶像中的哪些人可能影响你的行业和市场。许多好莱坞明星直接或者通过他们主演或制作的电影（从《自由威利》到《辛德勒的名单》）帮助各种各样的环境保护事业和社会活动。

（4）**贸易和税收政策谈判代表**。虽然这些人往往不在我们的视线范围之内，但他们在新的贸易协定的谈判中具备代表行业利益的能力，这有可能改变行业的前景，无论朝好的方向还是坏的方向改变。围绕中国加入世界贸易组织（World Trade Organization，WTO）和创建北美自由贸易协定（North American Free Trade Agreement，NAFTA）的谈判对许多行业产生了重大影响。哪些税收和政策的变化可能改变你的经商环境？

（5）**说客**。每一个行业协会和大多数大型公司都利用说客来搜索立法和监管领域，并提醒客户注意至关重要的事件。那些拥有自主权和位高权重的说客可能对新政策产生巨大影响。例如，新的医疗保险药品福利的谈判对美国的各家制药公司都有着巨大的影响，说客积极地参与了这类谈判的设计。

（6）**法律界和政界领导人**。纽约州总检察长艾略特·斯皮策（Eliot Spitzer）提起的企业诉讼震惊了金融服务业。备受瞩目的起诉和《萨班斯—奥克斯利法案》等新法规的执行可能对企业及其所在行业产生巨大影响。通过观察这些项目的领导者，你可能看到这些变化。正在讨论或者打算实施的哪些法律和监管的改革有可能改变你的行业？

我们应当把具有影响力的人士看作信息的聚合者和放大镜。别人尊重他们的声音，征求他们的意见，而他们并不羞于运用自己的权威。影响者和塑造者有着各种各样的形式；他们施加影响的方式很大程度上取决于当时的情况。不能忽视他们。

搜索的指南

外围的许多部分可能是重要的地方，需要搜索。一旦你确定了某个重要区域，就可以选择各种方法来研究它。领导者必须管理搜索的过程，将精力集中在重要区域，提出问题，并积极收集搜索所需的资源。领导者还必须权衡，是否希望更深入地了解外围某个特定区域及进行此类搜索所需的资源。可以采用以下几条总的指南来指导这个过程。

（1）**积极地管理流程**。主动搜索从引导性的问题开始，这些问题在第2章中进行了介绍，它们告诉组织，应当最仔细地查看外围的哪些特定区域。这有助于组织将注意力和资源集中在最重要的外围区域。

（2）*使用多种方法*。主动搜索的关键是避免过度依赖其他人使用的方法和信息来源。为了获得新的见解，我们必须超越别人，而不是别人观察什么，我们也观察什么。因为本章讨论的每一种方法都只给出了部分的和不完善的见解，所以运用多种方法十分重要。正如我们将在第4章看到的那样，人们对某个问题持多种观点，有助于我们对该问题更好地进行解释，这至关重要。

（3）*权衡投资*。在确定了潜在的搜索区域后，下一步是创造性地制作一份全面的清单，列举可能的信息源和方法，可以将它们放到一个搜索流程之中，然后在回答某个引导性问题时对每一种信息源和方法的价值进行排序。这里的价值基于可能洞见的深度与收集信息的成本比率。

（4）*全力投入搜索*。一旦选择了各种各样的主动搜索方法，组织就必须全力投入执行。关键的问题将是：我们该为持续的信息收集投入多少预算？谁将收集、整理信息并向解译过程反馈？谁将对结果进行审查并采取行动？

（5）*将搜索视为一个迭代的过程*。搜索和界定范围是密切相关的。你的搜索结果可能暗示搜索范围需要扩大还是缩小。管理者也许发现一些感兴趣的东西，然后扩大他们的范围或更仔细地搜索另一个区域。每次搜索都提供了新的见解，并且告知下一次搜索要如何进行。

在外围探测到的弱信号的意义将取决于观察它的公司的地位与策略。例如，将芯片打印在衣服上的可穿戴电脑，对一家以时尚为导向的手机制造商的意义，与对一家处方药的制药厂商的意义，是完全不同的。但两家公司都应从搜索的可能性的广泛视角入手，然后将重点放在外围最重要的区域。

这就给我们带来了良好外围视野的另一个挑战。一旦确定了搜索范围，并且辨别了来自外围重要区域的信号，管理者就必须明确这些信号的含义。在实验室里创造出一款可穿戴手机，是否能让它得到广泛的应用？将可穿戴医疗设备编织到衣服中，是否会颠覆这家制药公司，抑或会逐渐扼杀这种创新？通过搜索识别出的不同信号可以组合成许多不同的连续的图片。在接下来的章节中，我们将研究采取什么策略来解释在外围观察到的模糊信号。

第 4 章

解释
数据意味着什么

> 当人们偶然发现真相时，通常会振作起来并且匆忙处理他们的事情。
>
> ——温斯顿·丘吉尔（Winston Churchill）

20世纪初，英国探险家将一个部落的首领从与世隔绝的马来西亚半岛的深山地带带到新加坡港。其目的是确定这个石器时代的部落人在一天的"观光"之后，是否会注意到这个繁华港口城市的船只、高楼、热闹的市场和繁忙的交通。没想到，一天下来，这个部落首领只记得一件事——有个人用一辆大车拉着许多香蕉。这种令我们常人感到普通的景象，却与部落人生活的世界非常接近，所以才足以引起他的注意并记住。那天新加坡港的其他一切景象对他来说都毫无意义。显然，他可能看到了新的建筑、船只、马车，以及衣着古怪的人们来来往往、川流不息，但他对这些新的图像缺乏参照系。尽管这些景象可能处在他的视野的核心，但对于他熟悉的世界来说，它们只是外围。他还没有准备好接纳它们。没错，它们的确进入了他的眼睛，随后却消失在他大脑中数以百万计的神经突触中。我们可能认为自己在理解上比这个部落首领更加老练，但身为人类，我们都面临一个共同的困境：只能看到我们准备看到的东西。

无论我们的观察和搜索是多么先进和完善，我们仍然必定只解释我们看到的东西。

　　涉及外围视野时，解释的过程就更加复杂了。这些图像本身就是模糊的和不精确的。它们好比鱼眼镜头的边缘一样扭曲，而且有很高的信噪比。在人类视野中，隐喻缺乏细节和色彩。对于"一个人的眼角"看到的东西，大脑很容易得出错误的结论。有一个古老的美国土著人的故事，讲的是一个无情的"猎人"正在追逐一只土狼。这个"猎人"似乎总是在土狼后面一步之遥的地方，而且总在同一侧。原来那是一根羽毛黏在了土狼头部的一侧。正因为如此，土狼觉得，无论它跑得多快，都无法摆脱"猎人"的追逐。很多时候，在涉及外围时，我们就会对我们看到的东西得出错误的结论。在其他的情况下，我们未能理解真正的威胁或机会，到最后为时已晚。这两种错误都与我们作为个人和组织在解释过程中的固有弱点有关（见插文《填补我们视野中的空洞》）。

填补我们视野中的空洞

　　人眼的视野缺失了一小块，那是视神经连接到视网膜的地方。但我们很少注意到我们感知中缺失的这一部分，因为大脑中类似于Photoshop的程序无缝地填补了该空白地带。我们有两只眼睛，有助于填补空白，但即使我们只用一只眼睛，也不会感知到这个空白地带。同样地，我们几乎是无意识地自动封闭了我们精神眼睛的间隙。即使管理者可能意识到他们的组织有盲点，但可能仍然不知道他们未能看到的是什么。

在"9·11"恐怖袭击发生前的 5 个月里,美国联邦航空管理局（U.S. Federal Aviation Administration, FAA）共收到 105 份情报报告,其中 52 次提到了奥萨马·本·拉登（Osama bin Laden）或基地组织。这些来自中央情报局（Central Intelligence Agency, CIA）、联邦调查局和美国国务院的报告源源不断地进入政府官僚机构,但情报机构没有对这些报告进行必要的分析,使之易于理解。联邦航空管理局收到了来自不同部门的报告,但总的来说,这些部门并没有相互沟通,且联邦航空管理局也没有对这些报告进行综合分析。尽管在收集信息方面搜索是有效的,但"连点成线"和把整个拼图拼在一起的关键步骤缺失了。等到人们真正理解了这一切的全部含义时,为时已晚（见插文《有人已经预测到了》）。

有人已经预测到了

在许多组织中,尽管可能存在一些重要的洞见,但组织上下往往不承认。在"9·11"恐怖袭击事件中,人们不仅没能在袭击发生前将关键的信息立即联系起来,而且也没有人对可能发生的影响深远的恐怖袭击有着更广泛的意识。在很早以前,人们就已意识到了这种攻击的可能性。例如,美国武器控制和裁军机构的首席科学家罗伯特·库珀曼（Robert Kupperman）在 1977 年 10 月写道:"一支训练有素的、规模很小的准军事部队可能在很长一段时间内使纽约市或其他大城市与外界断开联系……如果仔细研究这些显而易见的目标,很显然,恐怖分子不需使用核弹或生物制剂来造成破坏……除了常规的军事回应以外,西方国家甚至美国都没有准备好应对任何形式的战争。"另一份早期的报告特别描绘了恐怖分子驾驶飞机撞向高层建筑的情景。

一张照片突然映入眼帘

界定范围和搜索（在前面的章节中讨论过）是关于寻找拼图的碎片，但是，至关重要的是如何将这些拼图碎片组合在一起。尽管这个过程十分复杂，我们还是用拼图的类比简化了这个过程。在大多数情况下，这些拼图碎片可以组合成不同数量的大图，一旦我们捕捉到了某个视图，就很难再改变了。有时，改变整个大图的一个小小局部，就可以改变整张图。

例如，通过对图4-1中的模糊图片添加或删除一些特征，可以将其转化为两张差异很大的图片，如图4-2所示。人类的解释通常不是一个渐进的过程（在这样的过程中，模糊的图片慢慢进入视野），而是一个离散的过程（在这样的过程中，添加一小块信息会突然导致整张图片成为一种不同的格式塔①）。这就是额外的信息来源和不同的视角在塑造整体图景中如此重要的原因。这些额外的视角可能添加一些小元素，小元素也许改变图片，或者使锁定在老鼠

---

① "格式塔"（Gestalt）一词具有两种含义：一种含义是指形状或形式，即物体的性质。例如，用"有角的"或"对称的"这样一些术语来表示物体的一般性质，以示三角形（在几何图形中）或时间序列（在曲调中）的一些特性。在这个意义上说，格式塔意即"形式"。另一种含义是指一个具体的实体和它具有一种特殊形状或形式的特征。——译者注

状图片上的组织也能看到人脸的形状。

图 4-1　你看到了什么

图 4-2　一张人脸还是一只老鼠

一旦锁定了这张图片，就很难看到其他可能性了。在不那么极端的情况下，我们常常接受看待世界的某一种视角，这限制了我们从其他视角来看待同样的这个世界的能力。虽然几乎没有哪个组织在其员工的生活中推行一种流行的崇拜的力量，但在大多数组织中，员工总是存在一定的压力，这些压力来自组织要求他们在工作中持有某种心态。如果每个人都同意这张图画的是一张人脸，就需要一个有勇气的人提出异议，毕竟我们也可以将它视为一只老鼠。每个人的观点各不相同，而且存在许许多多的组织偏见，这些都可能阻碍我们对外围信号的准确理解，如下面将讨论的那样。

三角定位的重要性

正如拥有两只眼睛可以让人类使用三角定位和视差进行深度感知那样，在组织中使用多重视角也可以提供深度更大的外围视野（见插文《视差的力量》）。当通用汽车（General Motors）成立新的子公司安吉星（OnStar）时，显然可以利用自身在技术和营销方面的专业知识来辨别新兴市场的机会。通用汽车在安吉星这家子公司上的成功是个众所周知的创新故事，但人们并不太欣赏该公司识别和开发这个潜在市场的过程。通用汽车在 1997 年推出了基于远程信息技术的凯迪拉克（Cadillac）产品线，这种远程信息技术将无线通信、车辆监控系统和定位设备集成起来。可以想象，安吉星这家新公司几乎处在汽车市场的边缘。首先，安吉星与汽车的设计和生产无关。远程信息技术与价格、可靠性或舒适度方面的竞争关系不大，但这些一直以来都是该行业竞争的焦点。最后，远程信息技术的市场很小。在早期，安吉星的总裁切特·哈勃（Chet Huber）设定了一个目标，即在一个习惯以百万来计算买家数量的组织里，每天只带来 50 位新客户。

通用汽车是如何发现并成功利用这个外围商机的呢？通用汽车对休斯（及后来的 EDS）的收购，使自己对远程信息技术有了初步的了解。但最大的未知数不是技术，而是市场采用情况。1995 年，通用汽车委托第三方进行了一项关于影响消费者买车决策的关键因素的研究。该研究列出了 26 个因素，并根据对消费者的重要性和目前满意度对这些因素进行排名。通用汽车发现，虽然消费者对其产品满足"代步"需求非常满意，但还有4个因素揭示了重要的未被满足的需求：个人关注、有限的时间和精力、隐私和个人安全。[1] 通过洞察消费者对个人关注和个人安全的渴望，加上自身对新兴技术的理解，通用汽车的管理者意识到了一个好比正处在十字路口的商机。到2004年，安吉星控制了70%的市场，拥有250万用户，创收约10亿美元。其他公司在认识和利用远程信息技术的潜力方面不够精明。例如，2002年福特汽车公司（Ford Motor Company）放弃了与美国高通（Qualcomm）合作成立的车载信息服务系统业务公司"翼播"（Wingcast）的投入，注销了1亿美元的投资。虽然安吉星的成功有很多原因，但市场洞察的三角定位及技术发展趋势帮助通用汽车抓住了一个好比正处在交叉路口的巨大商机。

视差的力量

视差是三角定位的一种特殊情况，它是由于观察者位置的改变而引起的物体在远处背景上的明显位移。因为我们的两只眼睛之间只有两英寸多一点的距离，所以人们利用立体视野的视差来观察深度。鉴于由两个观察点、物体和背景组成的三角形，我们可以计算距离（无论是非正式地在我们的视野中，还是更正式地在天文或航海计算中）。为进行实验，当你对照远处的背景来观察附近的物体时，每次闭上一只眼睛。看

---

[1] 著名市场调查公司沃思林全球（Wirthlin Worldwide）在一项研究中通过两个指标确定了这些未满足的需求：消费者对影响其购买决定的关键因素的重视程度以及他们目前对这些因素的满意度。

到物体是如何水平移位的吗？同样地，在观察外围时，多重视角（我们不局限于两只眼睛）可以增加观察的深度和细节，帮助我们鉴别看到的东西。

从不同的视角观察同一现象可以实现三角定位，并帮助确定物体在三维空间中的位置。与人类不同，组织可以用两只以上的眼睛来理解所观察到的东西。组织可以将《盲人摸象》这个寓言故事中描述的所有"盲人"聚集在一起，从而对"大象"产生更加全面的了解。每一种视角可能都有自己的偏见，但把它们全都放在一起时，就能让组织了解到底发生了什么，并且发现新的机会（见插文《望向天空的企业家》）。这种获得完整图像的能力对处在外围区域中的组织来说尤为重要，那里的拼图碎片可能是模糊的或完全缺失的。

我们对强生、宝洁和 IBM 等最佳实践公司的研究发现，这些公司都有意尝试从多个角度对相同的引导性问题进行三角定位。这有助于从背景噪声中分离出微弱但反复出现的重要信号。多重重叠的视角至关重要，就像我们有两只眼睛一样。它们允许我们进行三角定位并确定视野的深度。[①] 正如达·芬奇所说的那样，要真正理解任何问题，我们必须至少从三个不同的角度来观察它。

[①] 这是一项从关于视野领域的概念和隐喻如何应用于竞争情报活动的研究中得出的结论。

望向天空的企业家

一位试图推销一种新的车道涂料的企业家花了 800 美元向邮寄名单发送广告，但效果一般。该企业家以前是计算机技术人员，他的点子涉及的范围十分广泛，最终发现了一种方法，先是利用谷歌地图提供的新的卫星地图在线功能来识别沥青车道高度集中的社区，然后集中在这些社区进行营销，从而大大提高了成功率，降低了营销成本。通过跳出自己的业务范围，不再受传统方法的限制，他看到了外围技术的应用，解决了企业当前面临的挑战。

使用多种方法

没有哪种单一的方法足以让组织看清整个局面，因为所有方法都有缺陷，或者在某些重要方面存在局限。例如，试图了解某种新兴技术的经理可能会用具有相似特征的技术的市场进行类比。但这样的类比将扭曲事实，因为各种不同的情况可能在关键的但未知的方面不具备可比性。使用德尔菲法（Delphi method）[1]的专家调查，以便组合对未来产品需求的综合预测，也许不过是一种集体无知的

---

[1] 德尔菲法也称专家调查法，1946 年由美国兰德公司创始实行，其本质上是一种反馈匿名函询法，其大致流程是在对所要预测的问题征得专家意见之后进行整理、归纳、统计，再匿名反馈给各专家，再次征求意见，再集中，再反馈，直至取得一致的意见。——译者注

集聚。任何一种方法都存在着局限性，将各种方法（每种方法都倾向于产生不同的偏见）组合起来才更值得信赖。

例如，公司有时可以运用不同方法更好地了解市场对新技术的需求，而不仅仅是调查潜在客户。20世纪70年代初，施乐公司（Xerox）首先通过分析紧急书面材料的范围和频率估算了传真机的潜在需求，然后将传真机的功能与现有的解决方案（如邮件、电话或电报）进行了对比。采用这一方法，该公司在70年代早期就预测了大约100万台传真机的商业市场，事后证明这个数字太小了，但比其他方法预测的大得多。然而，施乐公司在满足这一需求的技术上押错了赌注，押在了计算机对计算机的转移而不是专门设备上，因此未能充分利用自身强大的洞察力。

使用情景规划，既看到人脸又看到老鼠

除了辨别应对任何特定挑战的多种不同视角和方法外，情景规划还提供了另一种方法来从多个角度看待问题，以便解码来自外围的一系列信号。例如，一家报社使用情景规划从几个不同的角度来看待某项单一的技术创新，然后通过每种情景的镜头检查给定的新信号。例如，1999年，报纸行业听说施乐公司推出了一项新服务，即通过电子方式向酒店和其他地方提供定制的报纸，以便读者可以打印出定制的内容。举例来说，到国外旅游的人们可以获得当地新闻的推送服务，或者用他们的母语阅读主流的全国性报纸。

这个信号有多重要？这是意味着酒店的客人再也不会听到门外有人放报纸时发出的那种熟悉声音，还是说这种方法根本不可能成功？答案取决于情景。在"一切如常"的情况下，这项新服务代表着除了报纸的实际递送外的一个利基市场（旅行者市场）和一种受欢迎的替代分销渠道。这也许会为报纸创造新的机会，使之不再局限于自然地理区域，并且提高了客户的忠诚度。在另一种称为"网络媒体"的情景中，报社迅速采用电子渠道、酒店定制印刷的最初尝试，可能预示着报纸的定制转化为家庭印刷。也就是说，谁家订的报纸，就由谁在家里打印出来阅读。这种发展可能破坏报纸如今所依赖的资产基础（印刷设备和实体分销网络），而更加精细的市场细分也许侵蚀传统的广告。在这个世界上，人们不再需要或者不再珍视报纸、运输卡车或网络上的大众广告信息了。

通过采用多角度观察这一弱信号，管理者可以更好地探索其潜在影响。如果他们认为世界仍然"一切如常"，也许就低估了这个信号。如果他们认为世界肯定是一个"网络媒体"的世界，也许就对这个信号反应过度了。虽然这种基于情景的分析并不能消除关于技术发展或消费者接受度的不确定性，但它有助于管理者在添加一小块拼图时理解得更多。如今他们可以看到更多的可能性，而不仅仅像本章开头介绍的那位部落首领那样，在新加坡繁华的大街上只看到有个人用一辆大车拉着许多香蕉。

既看到客户又看到竞争对手

公司也会因为过于狭隘地只关注客户或竞争对手而不同时关注两者而吃亏。当埃克哈德·法伊弗（Eckhard Pfeiffer）在1991年成为康柏电脑公司（Compaq Computer）的CEO时，他意识到公司主要关注的是与IBM的竞争，但忽视了因此而不断变化的客户需求。这种对IBM的痴迷关注意味着康柏不愿意为了进入更广阔的消费者市场而采取二线定价，因此其市场份额被低价竞争对手抢走了。如果康柏能够更多地关注客户而不是追踪观察自己与IBM的竞争进展，他可能会更快地认识到个人电脑市场正在发生重大变化。另外，只关注消费者的杂志出版商将与市场的需求保持一致，但看不到竞争对手的潜在整合或可能为市场引入新的参与者的技术变革。公司必须同时既考虑竞争对手，又考虑客户（和其他利益相关者）。只关注其中一个群体会造成严重的盲点。

一家主要经营地毯制造业务的公司通过密切关注其客户和竞争对手，迫使其管理团队面对三个令人不快的现实：由于其品牌在终端消费者中的知名度，以及面料供应商的实力不断增强，其零售商正在聚集并拥有更大的权力，制造商却没有推出差异化的产品。意识到这一点后，该公司退出了地毯业务。通过暴露和挑战公司心智模型，管理者可以在外围就意识到这些威胁。最终，他们意识到他们的地毯业务再也不是一种可行的业务了。

以上只是多个视角和方法如何帮助解释外围信号的几个例子。

重复搜索同一个问题可能显得效率低下，就像人类拥有两只眼睛也许一开始看起来有些冗余一样。但这些重叠有一个重要的目的。它们允许相互交叉核查，因而可以用来验证弱信号。它们有助于弥补我们个人和集体视野的不足，这将在下文中讨论。

为什么我们会出现盲点

为什么我们要想方设法去理解外围中的东西呢？我们的视野能力受到心智模型和其他知觉扭曲的限制（见插文《视野与看到的东西》）。我们可以通过多种观点来部分地抵消个人的认知与情感偏见。我们必须尊重和防止这些偏见。然而，即使这些多种观点都存在，但组织偏见（如群体思维）还是可能遮蔽外围，哪怕是在具有广泛定义的搜索范围并且进行主动搜索的组织之中。

我们能够看到的东西，很大程度上是由我们的心智模型塑造和限定的。这些模型通常是隐性的，在潜意识中运行，因此不容易分析或质疑。一旦我们接受了某个特定的模型，常常会把现实强加到它里面（见插文《珍珠港错过的信号》）。例如，一家消费者电器公司的研发经理可能按照这样的模型工作：认为产品设计是一项需要在最后一刻才能完成的低级美容功能。而博朗（Braun）等公司的经理却发现，好的设计不仅吸引人们的眼球，而且在生产和服务上也应是可靠的和经济的。他们在新产品开发过程的一开始就考虑产品设计。

视野与看到的东西

接收某个信号和实际看到发生了什么，是有区别的。科学家认为，婴儿在生命最初几天看到的图像是颠倒的，而这些图像最终通过婴儿与世界的接触又颠倒过来。我们的这种灵活性似乎一直保持到成年。在一项有趣的心理学研究中，研究人员要求研究对象戴上能够翻转他们看到的图像的倒置镜片。一开始正如我们所料，研究对象看到的所有东西都是颠倒的，但几天后，他们就说图像已经倒过来了，变成了正面朝上。当他们摘下眼镜时，他们的正常视力（在一段时间内）是颠倒的。还有一种疾病是大脑的视野部分受损，患者可以看到物体，但无法识别它。例如，他们可以完全复制一只鸟的图片，但将其辨别为一个树桩。神经学家奥利弗·萨克斯（Oliver Sacks）描述了一个著名的案例，一个视力正常的男人把他的妻子当成了一顶帽子。很明显，视野与看到的东西是有区别的。正如德国著名哲学家伊曼努尔·康德（Immanuel Kant）强调的那样，没有感知就不可能有知觉（知觉是我们用来在头脑中组织现实的心理范畴）。例如，如果我们头脑中没有关于鸟或鱼这些动物的形象或概念，就无法看到这些动物。我们经常看到我们正在寻找的东西。这正是为什么本章开头介绍的那位部落首领在新加坡街头只看到有个人用一辆大车拉着许多香蕉。

珍珠港错过的信号

1941年12月7日上午，沃德号驱逐舰的舰长听到了从珍珠港传来的低沉爆炸声。早些时候，这位船长发现了一艘即将浮出水面的敌方潜艇，于是投放深水炸弹，显然将其击沉了。然而，当船长在返回港口的途中听到低沉的爆炸声时，他转身向海军少校说："我猜他们在炸从珍珠港到檀香山的新路。"尽管那天早上他遇到一艘外国潜艇是一个不同寻常的信号，但仍然用和平时期的思维方式理解了低沉的爆炸声，没有注意到美日之间最初敌对的迹象。他在和平时期的思维模式占据了主导地位，以至于他把爆炸声强加到道路建设的背景中，没有意识到实际上是日本正在发动袭击。

当人们试图对某个复杂情况形成一种均衡的判断时，各种各样的认知与动机偏见似乎就会合谋，如来自外围的模棱两可的信号（见插文《有偏见的解释》）。每当多个证据指向相反的方向或者缺少关键信息时，大脑便开始扭曲事实，使之符合我们的先入之见。隐含的假设或推论填满了我们知识的空白，这些假设或推论往往使观点倾向于某个预先确定的方向。这一微妙的过程很大程度上是无意识发生的，这也解释了为什么人们会对问题持有完全相反的观点，即使这些观点基于共同的和共享的信息。从陪审团的裁决到对伊拉克战争的看法，再到诸如堕胎或死刑等有争议话题，人们强烈地坚持在这些观点上自己所持的立场，往往过滤掉新的证据，以确认先前的信念。

有偏见的解释

虽然真正的客观可能仍难实现，但管理者必须意识到人类推论和判断背后众所周知的陷阱。在这里，我们用简短的例子来描述主要的信息,即我们是如何过滤、解释信息,以及怎样通过寻找旨在确认我们先前倾向的额外信息来支持这些信息。这些偏见的最终结果是,我们以特定方式框定了某个特定问题(而没有充分理解其他可能的观点)并且对自己的观点过于自信。

(1)过滤。我们真正关注什么,很大程度上取决于我们期望看到什么。心理学家称之为选择性知觉(Selective Perception)。如果现实有哪些地方不符合我们的期望,我们通常会扭曲现实,使之符合我们的心智模型,而不是质疑我们自己的假设。一个相关的现象叫作"启动效应"(Priming)[①]。假如有人让我们看一个模棱两可的图形(如本章前面提到的老鼠或人脸),如果在大约1小时之前我们已在一个不同的背景下看到了A而没有看到B,那么,我们可能倾向于将模棱两可的图形解释为A而不是B。例如,如果我们读了一首诗,其中有一句诗提到了老鼠,那么我们在本章前面提供的既像老鼠又像人脸的模糊图形中认为自己看到一只老鼠的概率就会增大。最后,我们必须警惕一种重要的动机偏见,即抑制或拒绝看到现实是什么。一个极端的例子是,传说中的鸵鸟一看到危险就把头埋在沙子里,希望威胁就此消失。

(2)有偏见的推断。任何通过我们的认知和情感过滤器的信息都可能受到进一步的歪曲。一个众所周知的偏见是合理化,也就是以一种支持理想信念的方式解释证据。例如,当我们试图将自己的错误归咎于他人或外部环境时,就会成为这种偏见的受害者。通常这个过程是无意

[①] 心理学上的"启动效应"是指由于之前受某一刺激的影响而使得之后对同一刺激的知觉和加工变得相对容易的记忆现象。——译者注

识的，因为我们试图减少自己的认知失调。这种认知失调是这样的：一方面，我们知道自己错了；另一方面，我们认为自己并不是经常犯错的人，对自己有着美好的自我认知。一厢情愿是个相关的动机过程，我们在此过程中以一种令人愉快的方式看待世界。我们看到的是半满的而不是半空的杯子，或者我们否认孩子滥用药物或配偶出轨的微妙证据。另一种常见的解释偏见是以自我为中心，也就是倾向于过分强调我们在试图解释的事件中扮演的角色。这种自私自利的倾向与基本归因偏差有关，根据后面这种偏差，我们认为自己的行为比环境的行为更重要。换句话讲，我们认为我们自己或我们的组织在整个系统中比实际上的更加重要，好比是全世界的中心一样。

（3）**支持**。我们不仅会大部分地过滤掉有限的信息，而且经常对其进行有偏见的推断，还可能通过寻找进一步证实我们观点的额外证据来支持我们的观点。例如，我们也许更倾向于和与我们自己意见一致的人交谈，或者积极地寻找新证据来证实我们的观点（这被称为确认偏误），而不是寻求包含否定证据的更加均衡的搜索策略。因此，随着时间的推移，当我们使自己不受矛盾的影响时，我们的观点有可能冻结，我们的态度将变得强硬。事实上，我们甚至可能有选择性地记忆，方便地忘记那些与整体局面不相适应的不方便的事实。同样地，事后聪明式的偏见会扭曲我们的记忆，从而消除我们最初的怀疑。这样一来，一个恶性循环就此形成，我们加剧了早先的偏见，使自己陷入半真半假的自我封闭的茧中。

组织的偏见

除了个人偏见之外,组织中的个人还经常受到欧文·詹尼斯（Irving Janis）所说的群体思维的影响。他们开始进行类似的思考、采取类似的行动,甚至穿一样的衣服。例如,通用汽车最终因为严重的安全问题将雪佛兰科威尔（Corvair）这款车撤出市场,其中的许多问题已为人所知,但最初在公司内部,管理层和员工淡化了这些问题。正如小帕特里克·赖特（J. Patrick Wright）在《在晴朗的日子里,你可以看到通用汽车》（*On a Clear Day You Can See General Motors*）一书中所写的那样,通用汽车的高管中,没有一个人"会故意造一辆他明知将会伤害人们的汽车"。然而,为了满足销量和利润的要求,他们忽视了"对其安全性进行的严重质疑",然后"压制了可能证明该车存在缺陷的信息"。直到消费者维权人士拉尔夫·纳德（Ralph Nader）在1965年出版的《以任何速度行驶都不安全:美国汽车设计中的危险》（*Unsafe at Any Speed: The Designed-In Danger of the American Automobile*）一书中公开指出这款车的引擎故障和安全问题后,通用汽车公司才将雪佛兰科威尔系列从市场上撤出。

类似的群体思维问题也出现在挑战者号的灾难中。优秀和聪明的管理者是怎么做出如此糟糕的决定的?研究表明,"三个臭皮匠"并不一定胜过"一个诸葛亮"。只有在具备了有效过程的情况下,群体才能比个体更好地看到并响应刺激。各种信息片段的真正相关性，只有在它们被共享并被合并成一个更大的组合体时才能显现出来。信息共享在外围视野中尤其重要，因为它克服了跨组织边界共享时的分布式感知和记忆问题。不过，为了避免信息过载，管理者必须将愿景与战略结合起来，以便团队中的每个成员都能看到更宏大的大局，并且知道他自己的观点如何融入其中。

解释发生在复杂的社会环境中，人们不仅对所说的内容敏感，而且对谁说的也敏感。当我们评估信息的意义时，基本上会同时判断信号和来源。信息来源的可信度受到其地位、过去经验、政治等诸多因素的影响。由于大多数管理者从多个来源获取信息，因此他们必须注意可能产生的偏见。例如，当医生看到某个新患者抱怨类似流感的症状时，他就已经在脑海中形成了各种可以解释这些症状的假说，并对它们进行了排序。[1] 不过，我们往往依赖有根据的猜测或直觉，而这就是各种偏见可能悄悄潜入的地方。例如，医生也许不相信患者能给出可靠的答案，因此可能忽略弱信号，或者，同行医生的意见也许不仅根据他们的专业知识，而且根据他们的社会地位和权力地位进行了权衡。社会学家已对社会中的社交网络如何影响信息流动进行了许多研究，从公司的连锁董事会到当地社区对新

---

[1] 从贝叶斯分析到自举的理性模型可以用来形成基于不同来源的信息的判断。贝叶斯分析是在接收到新的抽样信息后对概率估计进行修正的一种形式化方法。自举是一种建立人类专家的模型，然后在新的预测中用同样的模型超越他们的技术。大多数自举研究的基础线性模型有 50 多年的历史。

产品的采用。① 当信息薄弱或不完整时，这些社会学偏见尤其明显，这通常是在处理外围问题时发生的情况。

个人偏见突显了为什么你必须将关于同一个问题的不同观点综合起来考虑。然而，组织和群体偏见表明，这些不同观点如何培养和关联，影响了组织理解周围世界的能力。

改进解释

个人和组织如何克服固有的偏见和盲点以提高自己的判断力？这里有许多方法可以帮助你。

（1）寻找新的信息来面对现实。拉里·博西迪（Larry Bossidy）和拉姆·查兰（Ram Charan）讨论了数据存储公司 EMC 为什么没能发现导致 2001 年销售额迅速下滑的关键环境变化。EMC 的销售团队在与 CIO（首席信息官）交谈时，确信订单只是被推迟了；他们将经济低迷解释为暂时的波动。但在 2001 年年初，乔·图斯（Joe Tucci）被任命为 CEO 时，他开始与客户公司的 CEO 和 CFO（首席财务官）交谈，发现客户公司正在改变经营方式。他们没有兴趣为

---

① 假设你从自己的部门、另一个部门或另一家公司的同行那里收到了有关新竞争对手行为的有趣信息，在这一情况下，你赋予这些信息多大的可信度？有一种理论预测，由于"非我发明"综合征、信任考虑和宗族行为，我们低估了来自远方的信息的价值（在其他事物相同的情况下）。然而，另一种看似合理的观点做出了相反的预测，即我们会对我们身边的人（即我们的朋友）变得自满（即熟生轻视）。坦尼娅·梅农（Tanya Menon）和其他研究人员探索了发送者和接收者之间各种关系的影响，包括发送者是工作小组的一员还是对接收者来说一种职业发展的威胁。在一项研究中，他们发现外部知识比此内部知识更有价值，因为外部知识往往享有更高的地位，提供的信息更稀缺或更新颖，在组织内的竞争威胁更小。

最好的性能支付溢价，而是想要那种可以连接到其他制造商的设备上的软件。IBM 和日立（Hitachi）以更低的价格销售与 EMC 公司旗鼓相当的产品。随着 EMC 的市场份额下降，图斯迅速改革了 EMC 的商业模式，将更多精力放在软件和服务而不是硬件上，因为硬件正在逐渐商品化。一旦图斯意识到新的现实，EMC 公司就可以改变其组织并做出适当的反应。正如博西迪和查兰所指出的那样，最惨痛的商业失败往往不是由于管理不善，而是由于未能"面对现实"。

（2）*提出多个假设*。组织必须提出和发展关于世界的相互竞争的假设，而不是追求简单的单一答案。例如，物理学家迈克尔·法拉第（Michael Faraday）偶然发现了感应电流，当时他注意到，改变了导线周围的磁场，电压表的指针会移动。许多其他的物理学家可能看到了指针的短暂变化，但没有意识到它的深刻科学意义。但法拉第对磁场有着深厚的知识，也有着浓厚的兴趣。他思想开放，富有创造性，能接受多种假设。同样，组织也必须对弱信号的含义提出多种假设。不幸的是，由于组织的解释通常朝着某个单一的意义发展，所以新的数据被迫融入现有的心理模型。管理者对模棱两可的容忍度有限，不愿再花额外的时间来发展替代的假设。

（3）*鼓励建设性的冲突*。从众的诱惑和群体思维的力量往往限制了冲突。然而，冲突也可能是建设性的，特别是当它聚焦于任务而不是人际关系或个性上时。许多的研究证实，围绕任务的适度冲突将有利于更好地决策。这种适度冲突可以推动团队成员创建一个更加牢靠的框架，收集更高质量的情报，探索更多的选项，并且更深入地检查问题。它允许在团队建设的过程中考虑团队中的个人的外围视野。相反，一团和气的团队也许错过拼图中的关键部分。至关重要的信息可能就摆在谈判桌上了，但团队成员的头脑仍然处于"锁闭"状态，他们不会说出自己的真实想法，因为他们面临着微妙而强大的同意其他人意见的压力。

组织严密的团队可能导致功能失调的群体思维，而不那么僵化的团队往往可以使整个团队表现得比个人更好。詹姆斯·索罗维基（James Surowiecki）在《群体的智慧》（*The Wisdom of Crowds*）一书中认为，在许多情况下，群体能比个人做出更好的决策。尤其是当公司创建一定的机制（如德尔菲投票）来汇聚组织的集体智慧而不是促进一致性时。建立匿名的意见市场是避免集体短视的一种方法。例如，20世纪90年代，惠普（Hewlett-Packard）要求员工参与一个新创建的意见市场，以预测其销量。员工们会在午餐时分和晚上在这个市场上下注，展示他们对投资将在市场中如何发展持怎样的看法。这样的市场预测在75%的时间里比传统公司的预测更准确。最近，礼来制药（Eli Lilly）的一家分公司要求员工根据简介和实验数据评估候选的药物是否能够获得美国食品药品监督管理局的批准，结果，公司的内部市场从一组候选药物（6种药物）中正确地识别出了获胜者。

（4）利用局部情报。科技公司智能像素（Intelligent Pixels）创始人之一迈克尔·马瓦达特（Michael Mavaddat）根据对昆虫视野的研究指出，昆虫的视野与人类的视野截然不同。他说："昆虫使用一种复合晶状体系统,在该系统中,大多数的视野和注意行为发生在眼睛本身之中,而不是大脑。"他补充道:"昆虫拥有非凡的外围视野,这不仅是因为它们的复眼结构,还因为每个眼孔水平上的'局部智能'。当相邻的眼孔相互比较结果,得出世界已经改变的结论时,它们就能感觉到外围发生了变化。"例如,蜜蜂在隧道中飞行时,通过平衡墙壁图像的表观速度来保持与侧壁的距离相等。与更集中的解释相反的是,有时候组织必须从其局部获得更多的情报和解释。恐怖分子的网络已经证明这种方法的致命力量和弹性,他们使用的是在当地观察和思考的近乎自主的"细胞",也就是说,他们招募的成员仅限于从当地的角度来观察和思考自己的人生。更积极的例子是,Linux 和开源运动已经使用本地设计来构建一个正在发展中的全球软件项目。

(5)利用对话来分享大局。组织中的个人必须理解那些可能与更宏观的大局相适应的信息。如果不是这样,就要不理会这种与大局断开连接的信息。人们必须频繁公开地对话。大多数公司仍然只在"需要知道才鼓励共享"的基础上共享信息。

实现这些看似矛盾的组织聚合与分化目标的一种方法是为未来创建多个情景,这在前面的内容中已经讨论过。每个情景都应描绘一个与未来可能出现情景相一致的内部故事。同时考虑多个情景,可以避免组织被锁定在未来的某一个视图中,同时共享一组用于讨论新信号的公共框架。

组织通常过滤掉了来自外围的弱信号,尤其是那些不符合主导世界观的信号,在这种情况下,情景规划将使弱信号的搜索系统化,那些信号可能预示着市场和整个社会的根本转变。情景不会掩盖弱信号,而是可以放大"来自边缘的明信片",使更多的眼睛可以看到它们。由于在多个情景中某个特定的弱信号可能具有不同程度的战略意义,因此组织避开了过度自信和锁定在单一视图之中的陷阱。在研究世界的边缘时,情景保持了固有的不确定性。

小结:挑战与应对

我们研究了人类和组织在理解模糊信息时面临的挑战及如何应对这些挑战。在个人层面上,主要问题是人类在没有意识到的情况下成为各种认知与情感偏见的受害者。尽管这些偏见会影响各种各样的人类判断,但举例来说,当外围更加模糊时,这些偏见会更自由地发挥作用。当数据清晰且令人信服时,就更容易做出正确的解释,但当模糊性很高时,我们可能很容易地折磨脆弱的数据,直到它们承认我们想听到或看到的任何东西。

更好地分享信息并且进行三角定位有助于克服这些解释偏差。但是,除了更好地"连点成线"之外,管理者还可以收集更多信息,以便更好地了解外围发生的事情。这种对外围进行探究和学习的过程是第 5 章的重点。

第 5 章

探究
如何更细致地探索

> 思想家把自己的行为看作实验和质疑,看作试图发现某些东西的尝试。对他来说,成功和失败是最重要的答案。
>
> ——弗里德里希·尼采
> (Friedrich Nietzsche)

在把一艘18英尺(约5.5米)长的手工独木舟、一些高尔夫球杆和几辆哈雷·戴维森摩托车带进追悼会场之后,约翰·卡蒙(John Carmon)清楚地意识到人们对葬礼的态度正在发生改变。他明白这是一种观念的转变,从哀悼死亡转变为庆祝死者的生命(以爱尔兰守灵为榜样)。康涅狄格州卡蒙社区殡仪馆的协会主席卡蒙说:"人们对自己与灵性联系的看法发生了重大变化。多年前,当有人死亡时,人们会按宗教传统来举行葬礼。今天,葬礼更多的是关于死者这个人及他在更宏观宇宙中的位置的悼念和展示。葬礼比从前个性化多了。"[1]

---

[1] 所有引自约翰·卡蒙的引语都来自他与作者的私下交流。

在美国，参与有组织的宗教活动的人数下降，以及对个性化的热情导致人们对死亡和纪念仪式的态度发生了转变。火葬数量有所增加，使得葬礼的时间和性质比传统葬礼更具灵活性。火葬比率的增大不仅反映了人们态度的变化，也反映了社会流动性和一些大都市地区墓地空间的短缺。

鉴于这些变化的早期迹象，卡蒙和其他殡仪馆的老板如何才能更多地了解人们对待葬礼这种态度的变化，以及它们对殡葬业务意味着什么？为了迎合家庭的期望，卡蒙尝试了更加个性化的服务，现在他准备开展一项更广泛的实验。2005年4月，卡蒙在康涅狄格州埃文镇开设了一家新的家庭生活中心。它看起来一点也不像传统的殡仪馆。该中心是为灵活和非传统的殡葬服务而设计的，配有一台50英寸的平板电视，可以在殡葬服务期间展示照片和视频，并提供网络流媒体互联网技术，使得远程参与者可在世界任何地方实时观看仪式并发送电子邮件评论。卡蒙甚至在他的员工中增加了一名兼职活动策划人，帮助提供人们通常只在婚礼或其他重大生活事件时才会关注的细节。

虽然大多数殡仪馆的服务区域都很小，但新的家庭生活中心预计会像婚礼接待厅那样吸引更多客户。不过该倡议需要许多假设的前提，并且有待充分验证。尽管这是一个未经证实的模型，但卡蒙和他的团队一直在努力塑造和完善他们的假设。除了密切关注市场趋势，他们还分析了人口统计数据，并在新的家庭生活中心所在地区进行了社区调查；这似乎是一个家庭生活中心可以运作的市场。

"这是在一个全新的市场上冒的一个很大的风险。"卡蒙在新中心开业前表示。在营业的前两个月里,新中心为11个家庭提供了服务,反响非常好,尤其是对网络流媒体等新技术。事实上,新中心为一个来自佛罗里达州的家庭的服务产生了很好的反响,使得《哈特福德新闻报》(*Hartford Courant*)在头版刊登了一篇报道该服务的文章,随后美国其他地方的四个Metro Markets连锁超市的APP纷纷转载该文,进而引发了美国有线电视新闻网(CNN)的后续报道。卡蒙指出:"真正的考验将在服务推广一年和受到用户持续接受之后才会到来。"但他已经计划将这种方式扩展到其他地方,打算在未来两年内在另外两个地方增加网络摄像头、投影仪、屏幕和DVD,以供向图片致敬。

不要反应过度地行动

像卡蒙这样的企业领导者注意到有的家庭要求使用独木舟和摩托车(作为殡葬用品),或者火葬率在上升,他该作何反应?这些趋势会持续下去吗?组织如何更好地理解这些变化的含义?通常情况下,第一步是探索外围。这使得组织能将注意力转向各种弱信号,并更加仔细地观察它们。正如我们已经讨论过的那样,外围信号通常是模糊的,没有色彩的。一旦确定了一组重要信号,难就难在何时及如何通过更仔细的观察来添加细节。

不过,关键是不要反应过度,毕竟信号微弱又模糊,它们可能意味着任何事情，而且，关于这些现象可能预示着什么（如果真的有所预示的话），仍然存在很大的不确定性。这种庆祝生命的趋势会持续下去吗？还是会出现反弹并回归传统？这种趋势会不会加速，或者出现意想不到的转折？殡葬业会朝着全新的方向发展吗？在火葬迅速发展的同时，新的生态友好的埋葬地点已经建立起来，在这些野外的墓地里，微风轻轻吹拂，死者以自然方式被埋葬，而不是像传统的墓地有着修剪整齐的草坪。在这些野外的墓地，死者用未经防腐处理的可降解棺材来埋葬。这种趋势会蔓延开来，进而打消人们对火葬的兴趣吗？它将对殡葬行业产生什么影响？

探究策略的目的是收集更多信息，进行实验和给出各种选择，并更好地理解外围信号。有时这意味着要更加广泛地寻找信息来验证假设；有时则意味着设计一个实验，就像卡蒙做的那样；还有些时候，这些信号无关紧要，应当忽略。

卡蒙经营着 8 家殡仪馆，其中大多数都非常传统。他并未将他的整个业务都转而采用这种新模式。他认为新的家庭生活中心是一个前哨，也是一次学习机会。在这里行之有效的方法将塑造公司未来几年在其他社区的服务。这是对殡葬行业正在出现的变化的慎重反应。

三种响应模式

通过创建一个实验来探究外围的状况，卡蒙选择了三种对模糊信号的原型予以响应的中间方式。

（1）**观察和等待**。当由于信息冲突而存在高度的不确定性时，或者如果公司具备成为一个快速追随者并让其他公司担任领导角色的资源时，那么采取这种被动的方法是合适的。当没有很强的先发优势且采取行动的风险很高时，观察和等待往往是一种很好的方法。

（2）**探究和学习**。随着不确定性的减少或者不作为的成本增加，需要一种更积极的方法。这种方法包括很多类型，从采用先进的研究方法进行专注的市场探索，到为确保对一项新兴技术的优先拒绝权而进行的实物期权协议谈判。其基本的理念是获得一个精心平衡的战略期权组合，以便留在游戏中而不会被竞争行动或外部事件冷落。

（3）**相信和领导**。当机会很有希望实现，或者威胁迫在眉睫，并且组织被现有的证据充分说服时，全力投入是必要之举。要证明这种风险更高的姿态是合理的，就需要汇集外围发出的信号，并支持那些大胆行动的假设。还需要评估采取行动或不采取行动的风险，其根据往往是模糊的外围输入。

这三种典型的策略是连续的。本章的重点是探究和学习的方法，特别对实物期权进行探究和学习，以加强探索。第 6 章将讨论相信和领导的行动策略，尤其是利用明确机会的期权。这两者自然是联系在一起的。

使用场景来探究影响

为了解商业环境的变化及其对殡葬业的影响，卡蒙的第一步是探索各种弱信号可能导致的后果。这需要确定一系列的信号，然后绘制出各种观点或故事（场景），以战略方式突出关键的不确定性。卡蒙建议美国殡葬师协会（National Funeral Directors Association, NFDA）进行这样的努力，帮助协会成员适应变化，卡蒙在该协会中担任主席。在为期两天的研讨会上，近百位行业领导者参与了讨论，与会者为殡葬业的未来描绘了 4 种可能的前景。如图 5-1 所示，这些场景包括了消费者偏好的适度改变、行业的逐渐变化以及偏好和结构产生异常急剧的变化。

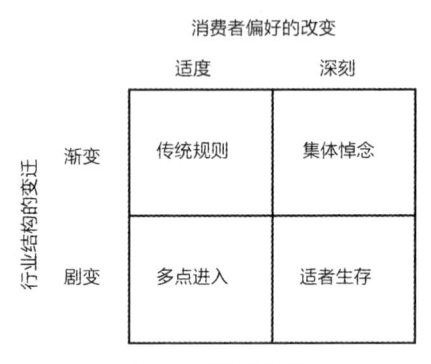

	消费者偏好的改变	
	适度	深刻
渐变	传统规则	集体悼念
剧变	多点进入	适者生存

图 5-1　殡葬行业的场景

描绘这 4 种行业前景有几个目的。第一，它们为学习提供了背景。随着新信息的出现，它们可以适应给定的场景。因此，可以将有可能视为随机噪声的新信号设置成一种模式。例如，人们也许认为手机个性化的提升与殡葬业完全无关，但现在可能觉得是朝着"集体悼念"或"适者生存"方向发展的另一种场景。第二，通过监测这些信号，当特定场景出现的可能性变得更大时，领导者可以更快地觉察到。这种意识有助于使前景更加明朗，以便组织能在竞争对手行动之前或者机会窗口关闭之前采取行动。第三，这些场景提出了关于世界如何变化的相互矛盾的假设。领导者可以设计实验（如卡蒙的新中心），并且测试其中的一些假设，从而加速学习过程。现在，卡蒙可以测试不同商业模式的有效性，这些商业模式旨在利用这些不同的世界。第四，这些实验允许企业开发跨多种场景的组织能力，以便无论未来发生什么，他们都能成功。

研究商业影响

卡蒙不但利用新中心等实验为外部世界如何变迁提供了洞见，而且还可以通过测试新的商业模式来跳出竞争。传统殡仪服务的商业模式强调殡仪馆、灵车和棺材等实物资产。除了受到向火葬转变的压力之外，这种商业模式还输给了采用自定义方式的购买殡葬产品与服务的商业模式。例如，互联网企业以80%的折扣提供棺材，保证几天内交货。过去很少讨论的价格竞争如今变得更开放，特定部件的费用被分解了。随着信息技术的进步，价格的透明度提高了，也使越来越多的人通过视频或互联网远程参与葬礼，这是可以使收入增加的因素。

这种对商业影响的探索也有助于识别新的竞争对手。殡葬行业的变迁可能鼓励消费者不只是关注传统的殡仪馆，而是转投新的竞争对手。例如，医院和收容所这些离死亡事件最近的机构可能扮演殡仪馆的某些角色。专门庆祝生命中的重要时刻，如出生、洗礼、婚礼和周年纪念的连锁酒店也可以很容易地增加纪念庆祝活动。作为探究和学习的一部分，卡蒙和其他领导者应当探索行业的各种变迁如何向非传统的竞争对手打开大门。这种意识本可以帮助电话公司认识到，随着高速互联网接入在世界各地的蓬勃发展，对于有线电视公司、无线通信公司和其他参与者都带来了什么威胁。

此外，这里提到的变迁可能对人力资源和商业流程产生关键的影响。如前所述，卡蒙雇用了一名活动策划人。随着服务更加个性化，殡葬师的角色正从指导殡葬业务的人员转变为促进高度定制的葬礼服务人员。在旧模式中，殡葬师具体指导人们如何观看仪式或服务，汽车怎样排队以及前往墓地的路线，等等。但在某些情景中，这一相当独断的角色将发生巨大的变化，如变成婚礼策划师，当然这取决于消费者。这些情景促使我们思考殡仪馆典型的一天在描述的4种未来中会有什么不同，以及当前的实践可能发生怎样的变化。反过来，如此反思可以带来一些新的洞见，涉及利用这些变化时人员要如何配备，怎样设置激励措施，以及组织流程要如何改变。

探究和学习之所以如此重要，是因为这些情景发展的速度和性质会因地区的不同而产生极大差异。即使是一般的人口发展趋势，如人口老龄化或者族群人口增加，也会对不同的城镇或社区产生不同的影响。一个位于复杂高档社区的殡仪馆可能欢迎约翰·卡蒙开设那种全新的设施，但是，一个为稳定而且传统色彩浓厚的社区服务的殡仪馆则可能选择观望这些变化。因此，企业领导者必须在他们的市场和社区的背景下仔细探索各种弱信号的真正含义。

更广泛地搜索信息

来自外围的信号有时会引发更广泛的信息搜索。例如，马休·西门斯（Matthew Simmons）已经为能源公司提供并购咨询超过31年了。他人脉很广，几年前曾随政府出访沙特阿拉伯，以便更多地了解该国庞大的石油储备。尽管其他访问者都对沙特阿拉伯的东道主们的演讲印象深刻，西门斯的印象却没那么深刻。事实上，他越发担心沙特政府虽然声称拥有巨大储量，但从未接受过独立的外部评估。当阿美石油公司（Saudi Aramco）的一名高管告诉访问者他们正在使用先进的统计技术（如模糊逻辑）估算剩余的石油储量时，他似乎意识到了什么。也许模糊逻辑这个术语不适合西门斯，或者是拼图的其他部分结合在一起了，总之西门斯强烈地感到他必须展开自己的调查。他已经注意到外围的一些东西似乎不对劲。现在他需要进一步探索。

不幸的是，关于沙特广阔油田的范围、历史和特征的独立数据很少公布出来，关于沙特的数据也很少。在沙特，广阔的油田有很多，最大的一个叫作加瓦尔（Ghawar），占该国石油产量的近一半。这个油田已经生产石油逾半个世纪，累计产量为550亿桶石油。在世界每天迫切需要消耗的8500万桶原油中，有500万桶产自这里。西门斯知道，油田的反复无常是出了名的，实际上，只有40%的储层可以通过泵入水或气体来保持压力。在阿曼，一个日产96万桶的长期油田在 2001 年产量突然开始下降。如果这种情况发生在加瓦尔这个世界赖以生存的、巨型的沙特油田身上，会怎样？西门斯找到了沙特石油工程师在世界各地召开的各种技术会议上提交的大约 200 篇零散的论文。利用这个数据库，他开发了储量预测模型，并得出结论，沙特人极大地夸大了他们国家的石油储量。西门斯的著作《沙漠中的黄昏：即将到来的沙特石油冲击和世界经济》(*Twilight in the Desert: The Coming Saudi Oil Shock and the World Economy*) 中包含了许多细节，而书名清楚地传达了他想要表达的信息，沙特人和其他人对此表示强烈反对。

无论最终证明西门斯是对还是错，像他这样的高管必须在一切仍然相当不确定的情况下选择关注那些弱信号。这个过程通常可能始于直觉，但随后会指向广泛的实地调查。当然，并非所有直觉都将收获回报。但一旦西门斯发现了不一致的信号，就开始探究其他人没有注意到或忽略的细节。这种对外围信号聪明和警惕的追求，就是本章的全部。

设计实验和期权

探究和了解外围的最佳方法之一是设计实验，在最有用的地方减少不确定性。这些实验应当测试与业务相关的特定假说与假设。像卡蒙的新家庭生活中心这样的实验为该组织打开了一扇通往新世界的窗户。它不仅提供信息，而且为组织提供了一种用以扩大其投资的期权,并且基于市场反馈建立了这样一个试点。实物期权投资与金融期权有着极大的相似之处,因为一旦不确定性降低,小额的投资就会为以后的投资创造机会(见插文《实物期权》)。

例如,各种各样的制药与诊断公司正密切关注一个名为纳米系统生物学联盟(Nanosystems Biology Alliance)的研究合作项目,该项目旨在构建纳米实验室。纳米实验室是个1平方厘米大小的计算机芯片,可感知10 000种不同的蛋白质,从而检测即将出现的疾病迹象。这种新型诊断有助于识别可以用药物调节的故障分子的路径。通过对这一技术的开发进行相对较小额度的投资,这些制药公司保留了随着技术的发展对其商业化进行大量投资的期权。本质上,他们是同时在探究、学习和创造期权。

实物期权

尽管金融期权为经理人所熟知,但人们往往用实物期权这个术语来表明,一些战略投资(不能在金融市场交易或套利)创造了与金融期权非常类似的风险回报特征。其基本思想是,在不确定性降低后,今天的小规模投资为未来的进一步投资提供了一种期权。在金融领域,典型的看涨期权创造了一个机会,而不是一心投入到特定的路线之中。它允许投资者以后押下更大的赌注。例如,100股普通股的期权允许投资者在规定时间内以执行价格购买股票。如果股票上涨超过执行价格,投资者可以直接以折扣购买股票。如果股票下跌或者保持在执行价格以下,投资者只承担期权价格的一小部分风险,而不是全部投资于股票。正如

"期权"术语暗示的那样，投资者保留未来购买股票的权利，以及没有这样做的义务。

实物期权在战略上也服务于类似的目的。例如，某公司可能适度押注于了解某项新技术或市场，要么支持自己实验室的研究，要么投资于初创企业或试点项目。如果计划成功，公司就有了预先约定的期权，可以大量投资于技术的开发及其商业化。如果技术无法交付，公司就只是拿着投入项目的种子资金来冒险了。通过使用实物期权，该公司将前期投资保持在较低水平，同时了解了新兴技术并保持一定的上涨潜力。

实物期权的框架为基于净现值或其他贴现现金流方法的更加静态的投资评估提供了另一种选择。后面的这些方法假设现金流风险是固定的，可以明确量化，但事实往往并非如此，尤其是在应对外围中的各种情况时。一项新技术或一种未经验证的产品的风险是未知的，并且会随着时间的推移而变化，这使得准确的贴现率预测成了一个真正的黑洞。相比之下，从实物期权的角度思考，有助于明确意识到在进行实质性投资之前探究和学习以便对局面获得更准确认识的做法的价值。

像金融期权一样，实物期权增加了灵活性。实物期权允许公司推迟、扩大、压缩、终止或者以其他方式修改项目。实际上，这些期权允许组织通过快速浏览侧面了解外围，看看是否需要更多的关注。这有助于公司关注那些可能改变游戏规则的外围问题，而不至于转移太多的注意力和其他资源。

投资于学习

尽管实物期权投资最终有望产生实实在在的财务回报，但短期内最大的回报是更好地理解新的知识和外围发展状况。例如，中情局成立了In–Q–Tel（IQT），这是一个非营利的私人风险基金，是探究和学习可能适用于中情局情报任务的新兴技术的特别有效的前哨。IQT对科技初创企业进行投资，通常是与其他投资者合作进行。虽然这些投资预计会产生回报，但中情局对赚钱并不感兴趣，而是对这些投资的企业为中情局提供了一个了解可能对其情报工作十分重要的、新技术的窗口更感兴趣。IQT为中情局带来了在各种新技术刚刚问世之时就充分利用它们的机会。

例如，IQT的早期投资之一是对拉斯维加斯的一家名为SRD的公司的投资。该公司开发了用于发现隐藏关系的数据分析软件。这款软件旨在帮助赌场挫败作弊者，但它在中情局的许多方面也有着十分自然的运用，如在中情局监测恐怖分子网络及其他具有潜在威胁的数据时建立联系。尽管拉斯维加斯的博彩业距离中情局位于弗吉尼亚的总部很远，但IQT帮助这个机构在外围发现了这项技术。通过投资，中情局可以更快地了解该软件的含义和发展情况。

为不同类型的学习使用期权

实物期权有多种用途。伊恩·麦克米伦（Ian MacMillan）和丽塔·冈瑟·麦格拉思（Rita Gunther McGrath）描述了"机会投资组合"中的各种实物期权，反映了新兴技术和市场的不确定性水平（见图 5-2）。这种类型的矩阵是为绘制、评估和分配低风险和混合技术投资的资源提供一个框架。这里有几种与探究和学习过程密切相关的期权。

（1）侦察期权。这些是为发现或创造市场而进行的谨慎投资，如 IQT 的风险投资。军事侦察的比喻十分贴切：将军派出侦察兵去寻找敌人，即使这些侦察兵没能活着回来，将军至少也因此知道了敌人的下落。这些是在产品或技术相对确定但市场不确定时进行的小型试验。通过小型的试验投资，公司先了解市场，而不急于进行与商业化相伴相随的巨额投资。

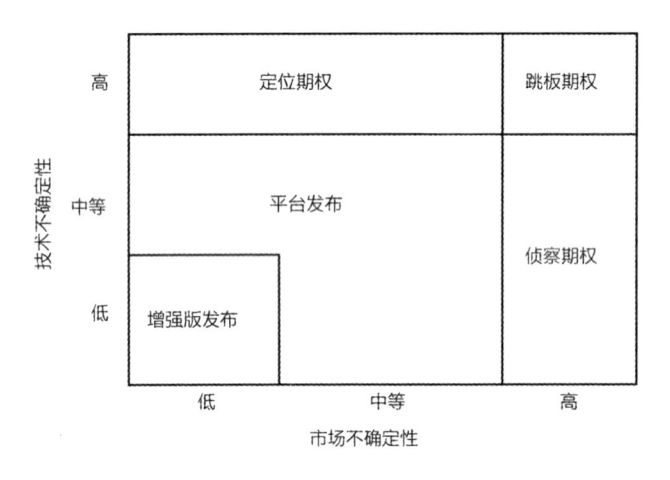

图 5-2 期权的许多用途

（2）定位期权。这些是谨慎的投资，是在有着明显的市场机会但存在许多未经证实的产品或商业模式时保留的期权。目的是花一点钱学到很多东西。例如，在移动电话或者其他技术的早期发展中，各公司面临多样化的标准，而且，关于哪种标准会最终成为行业标准，也存在诸多不确定性。鉴于这种不确定性，各公司可能使用实物期权来保持在所有主要标准中的地位。微软在20世纪80年代中期通过跨多个平台的投资做到了这一点，如他自己的DOS、IBM的OS/2操作系统和苹果公司的麦金塔操作系统。一旦明确哪个标准将成为赢家，各公司就可以迅速行动，或者在没有共同标准的情况下追求多条生产线齐头并进。

（3）**跳板期权**。这些期权会带来很大的市场和技术的不确定性，因此你必须将固定投资和沉没成本降至最低，直到确保投资可行。这些小规模的探索尝试有助于你获得经验，作为跳板。例如，三洋公司（Sanyo Corporation）首先为手表和计算器等低端应用研发了太阳能电池；早期的电池可以轻松为这些产品供电。凭借在这些低端应用中的经验，该公司改进了技术，解决了技术的不确定性问题，提高了效率，并且创造了适度的收入，使其最终能够转向更高端的应用，如用于为工厂供暖的太阳能电池板。通过这一系列的跳板，三洋公司在学习技术的同时继续扩大了这一领域的业务。

更广泛的投资不仅限于探究和学习。这些包括平台期权，如吉列（Gillette）的新剃须刀技术为进一步增强提供了期权。当弱信号变得足够强，足以让你下相当大的赌注时，进行更广泛的投资是最合适的。还有基于现有平台的增强启动。同样，由于市场不确定性较小，这些平台与其说是探究和学习，不如说是利用明显的机会采取行动。

麦克米伦和麦格拉思开发了一个相关的框架,可以帮助组织从期权中学习。受发现驱使的计划有助于识别、测试和追踪不确定风险的假设。在这里,各公司将新的投资视为一系列假设——有些是明确的,有些是隐含的,必须尽快对其进行测试。管理者可以选择一些关键的假设,而不是等待它们在正常业务过程中被验证是错误的。这些假设可以通过深思熟虑的发现过程更快地加速和测试,类似于在特定领域探索关键的洞见。例如,管理者使用的工具之一叫作"反向损益表"(Reverse Income Statement),迫使管理者识别支撑其财务目标回报的关键假设。反过来,他们可以追踪这些假设,或者将其与实现这些目标必需的关键里程碑联系起来。这类框架有助于他们更好地看到各种假设对公司的财务影响并更快地了解哪些有效,哪些无效。此外,它还允许管理者更加果断地决定在何时停止或加速投资。

寻求意想不到的洞见

任何一种实验,除了帮助检验假设之外,都有可能带来意想不到的洞见,杜邦公司在生物科学实验中就发现了这一点。生物科学为杜邦带来了一系列潜在的机会,但它们存在着高度的不确定性。新技术可以将玉米皮等生物质废料转化为有价值的石油替代品,或者创造多样化的生物材料。但是,哪些技术会真正奏效呢?

杜邦生物基材料公司副总裁兼总经理约翰·拉涅利博士(John

Ranieri）坦言："当时，有大量的生物资产可以考虑、选择和投资。我们面临的挑战是如何实现知识密集度并将这些碎片组合在一起。这就是我们开始以不同的和更聪明的方式提问的地方——在这里，可以诞生许多的惊喜。事实上，如果你不感到惊讶的话，那么说明你没有提出正确的问题，因为在这种环境下，你应该感到吃惊。"

杜邦利用实物期权来探索这个不确定的外围区域。为了开发生物质技术，杜邦与美国政府创建了一个4000万美元的联合项目。为了探索生物材料，杜邦在可持续材料和能源、应用生物表面和治疗学等领域进行了十几项投资。"我们一直在问，如何减少不确定性？我们怎样获得一个可以在其基础上不断发展的平台？"

这种对低成本学习的关注让杜邦在全球范围内发现了投资机会。例如，一个项目提出使用称为"甲烷氧化菌"的生物来开发高价值的化学品，但该过程需要大量甲烷和一个发酵罐来实施。杜邦找到了挪威的一家公司，该公司已经建造了一个发酵罐来处理作为石油生产副产品而产生的甲烷，并建立了一个联盟。将杜邦的软件与挪威的硬件相结合，杜邦便可以在不进行大规模投资的情况下测试这一概念。

"在技术和市场尚未完全形成的早期阶段，我们使用实物期权的思维帮助构建我们的投资。"拉涅利说，"在这个阶段，我们对应用净现值（Net Present Value，NPV）这样的传统衡量方法所知不足。"这种方法有助于杜邦将项目早期的投资控制在较低水平，一旦技术明显不会成功，就停止投资，从而避免项目超支。

杜邦认识到，外围总有很多东西是未知的，因此最好的办法是将早期投资控制在较小规模，并且尽可能快速地学习，以减少不确定性。这种做法使组织能够检验假设，也收获了一些意想不到的洞见。正如拉涅利所说的那样："我们发现了一些意料之中的事情，但同时发现，一些最有趣的事情都出乎了我们的意料。"在进行实验时，管理者必须为这样的意外惊喜做好准备并且从中学习。学习创造了机缘巧合的机会。

故意犯错

虽然大多数实验都是为了测试某个被认为正确的关键假设，但有时公司可以使用故意犯下的错误进行更广泛的探究。故意犯错的策略测试那些我们预料会是错误的重要主张。例如，广告先驱戴维·奥格尔维（David Ogilvy）在进行广告测试时故意加入了他认为会失败的广告。果然，大多数这样的广告失败了，但偶尔会有一些惊喜。他的方法不仅为了测试广告本身，还为了测试他关于广告的整个框架或观点。奥格威之所以能够先于竞争对手发现市场和整个社会的新变化，是因为他认为自己的策略只不过是一堆有缺陷的假设。信用卡公司现在经常接受以前通常会拒绝的消费者，只是为了测试他们的模型。

从长远来看，这类故意犯下的错误可能带来巨大的回报。在贝尔系统（Bell System）崩溃之前，美国要求各家电话公司向其所在地区的所有新用户提供服务。在整个美国，每年大约有1200万名新用户，每年的坏账超过4.5亿美元。为了防范这种信用风险及客户滥用设备的情况，法律允许贝尔系统运营的每家电话公司强制一小部分用户支付保证金。选谁来收取保证金呢？每家公司都开发了自己复杂的统计模型，用于向正确的客户（也就是公司认为信用风险最大的客户）收取保证金。但是，即使这些公司根据其当前的模型做出了最优决策，他们也从来没有真正地知道该模型本身是否正确。于是他们决定通过故意犯一个数百万美元的错误来测试这一点。

在将近一年的时间里，贝尔系统的各家公司没有向近10万名客户索要保证金，这些客户是从公司认为信用风险较高的客户中随机挑选出来的。不向这些客户索要保证金显然是错误的，因为有的客户肯定不会支付电话费账单，或者带着设备跑掉。贝尔系统的各家公司知道此举会让他们损失价值数百万美元的设备和未付账单，但是，这些公司对他们不知道的事情足够谦虚，以研究这些高信用风险的客户与其他人群到底有哪些差异。

令这些公司惊讶的是，相当多假想的"坏"客户实际上按时全额支付了账单，而且一些"坏"客户也并没有像所谓的"好"客户那样损坏或偷窃手机及相关设备。有了这些新的洞见，这些公司重新调整了他们的信用评分模型，并制定了一个更聪明的筛选策略，此举在接下来的10年里每年为他们增加了1.37亿美元的利润。事实证明，这是一个非常有益的试错。通过在第一年故意犯错，公司获取了所需的缺失信息，以便在接下来的年份做出更明智的选择。

这从本质上说是他们在探究自己知识库的影子。

虽然大多数实验都是为了测试假设为真的特定的假设，但故意犯错的策略显然是在测试假设为假的假设，但万一碰巧是真的，可能改变整个心智模型。如果我们真的希望有效地探究外围，就必须在积极测试（对于我们假设为真的事情——贝尔系统的例子）和消极测试（对于我们假设为假的事情——戴维·奥格尔维加入失败广告的例子）之间求得平衡。毕竟，公司通常能够认识到从无意的错误中学习的价值，但很少通过故意犯错误来深入探究。

当然，任何人都可能反复不断地犯错。因此，我们必须在我们实际犯下的错误中有策略地选择。任何组织都不应总是犯错，但故意犯错显然有助于我们探索外围，在那里，我们必须从正确的信念中筛选出许多错误的信念。通过更广泛地看待问题，你可以扩大你的机会，探究周边的世界，并且挑战自己的思维。正如詹姆斯·乔伊斯（James Joyce）所写的那样，错误"是发现的门户"。

小结：快速与死亡

快速有效地学习对于应对外围环境至关重要。能够先于竞争对手清楚地了解正在发生的事情的组织，将更好地抓住外围环境中的机会或应对威胁。正如本章所指出的那样，学习可以通过以下方法获得改善和加速。

（1）**使用情景来学习**。情景不仅有助于解释未来，还有助于探究和学习。它们将看似随机噪声的信号组织成一种模式，显示了哪里需要知识和洞察，并帮助公司探索不同未来的商业含义。

（2）**通过快速而低成本的失败来加速学习**。实验可能是了解外围的最佳方式。将实验的规模尽可能控制得小一些，以最小的风险获取最多的学习。虽然良好的外围视野在识别机会方面很重要，但外围的真正价值是探索错误。

（3）**使用实物期权**。提高学习—风险比率的最佳方法之一是使用实物期权。期权可以将小额投资转化为强大的学习机会，它们有助于在需要重大投资之前减少不确定性。这里的想法是在学习和保留上行潜力的同时将前期的投资控制在较低的水平。

组织专门用于学习的资源及采取行动的速度取决于他们所处的环境。例如，约翰·卡蒙和他在殡葬业的同事比大多数行业的经理拥有更多的时间。"我们绝对是一个沉浸在传统中的、变化缓慢的行业。"卡蒙说，"这是一种代际转变。"即便如此，在急剧变化的环境中，他必须快速探究和学习，为可能浮现的新的未来做准备。卡蒙通过设计实验和期权来积极主动地这样做，以更好地理解这个特定商业环境的外围的变化。如果这种学习使局面变得更加清晰，而且，也正是在学习使得局面变得更加清晰之时，卡蒙就领先于其他人，提前做好了准备来抓住机会。新的家庭生活中心不仅是一个学习平台，也是一个成长平台，是对来自外围的新信号采取行动的第一步。对于来自外围的信号采取积极行动本身就是一件富有挑战的事情，这将在第 6 章讨论。

第 6 章

行动
如何处理这些洞见

> 写作就像在晚上驾车。你只能看到你的车头灯照亮的地方,但你可以采用这种方式完成全部的行程。
>
> ——埃德加·劳伦斯·多克托罗
>
> (E. L. Doctorow)

在照明行业一位高管的办公桌上,有个小小的开放式公文包,里面是一组平整的白色塑料面板。只需转动几个拨盘,他就可以调整盒子里的蓝色发光二极管(Light Emitting Diode,LED)面板,使它们逐渐向白光靠拢。上限仍然是大多数房屋建筑商不会选择的蓝白色辉光,但它每年都越来越接近纯白色。这种逐渐向白光转变的趋势可能是白炽灯泡发明以来照明行业面临的最大威胁。白光 LED 灯的前景让固态照明领域的先驱中村修二教授(Shuji Nakamura)有底气大胆地说:"我想取代所有的传统照明。"但这位照明行业的高管在转动拨盘时,他想知道的是中村的愿景多久会变成现实?

LED 正在像晶体管(取代真空管)改变电子行业或者光盘改变音乐行业一样改造着产值达 150 亿美元的普通照明市场。这种固态照明(Solid-State Lighting,SSL)是近一个世纪以来出现的第一种真正的新型照明技术。虽然 LED 发明于 20 世纪 60 年代，但是直到最近在颜色和亮度（流明）增加方面的突破，才将这项技术从计算器显示器和指示灯等简单的应用推向了更广泛的应用。

这项技术从新生事物转变为竞争威胁的最引人注目的迹象是美国交通灯市场输给了 LED。红光 LED 信号灯比它所取代的 150 瓦白炽灯节约了 90% 的能量，而且使用寿命更长，经济效益显著，更换的投资回收期不到 1 年，每个十字路口每年节省超过 1 万美元。美国联邦法规要求所有的交通信号灯在 2006 年之前切换到 SSL，实际上整体消灭了传统灯泡每年约 10 亿美元的市场。

雪上加霜的是，MIT《科技评论》在 2003 年宣布白炽灯是"十大该死的技术"之一。突然间，自托马斯·爱迪生（Thomas Edison）看到他发明的第一个灯具发光以来，一直在该行业中处于核心地位的技术可能面临着灭绝的境地。产值 150 亿美元的美国照明行业现在成了一组使用固态照明的新竞争对手的目标，固态照明和传统照明相比具有诸多优势（见插文《固态照明的优点》）。这可能是飞利浦照明（Philips Lighting）、通用电气和欧斯朗（Osram Sylvania）等传统公司在商业和住宅照明核心市场面临的致命挑战。

固态照明的优点

固态照明的优点很多。LED 基本上是半导体，比传统光源更加有效地将电转化为光。除了降低能耗，固态照明的低电压还使其更加安全，更容易由太阳能或电池供电。因为没有易折断的灯丝，SSL 更加耐用，因此寿命更长，维护成本更低。传统的灯只能关闭、打开或变暗，而 LED 操作方法更广，它可以根据软件命令改变颜色或闪烁频率。在传统照明中，灯具是永久性的，需要更换的是灯泡。有了固态照明，许多光源可以集成到终身密封的产品中。虽然传统技术在过去两个世纪里取得了进步，包括荧光和高强度放电照明的出现，但其效率似乎稳定在 25% 以下。相比之下，红外光谱中的固态器件的能量转换效率已经超过 50%，研究人员预计白光 LED 同样也会取得类似的突破。如果能够达到这个进步水平，科学家认为，固态照明将提供 150~200 流明/瓦的光源，其效率是荧光灯的 2 倍，是白炽灯的 10 倍。这将从根本上改变照明行业。

甚至在这一新的威胁出现之前，照明行业就面临着严峻挑战，这些挑战可能分散了管理者对 LED 更密切的关注。2000—2003 年，灯泡的平均售价下降了约 10%。同期，美国消费者和专业灯泡市场总共损失了约 5 亿美元，由于商品化和激烈的价格竞争，又从 29 亿美元缩水至 24 亿美元。现有企业不得不关注这种低成本的商品游戏。然而，随着固态照明技术的快速进步，他们也必须把目光投向别处。既然照明行业的高管已经认识到来自外围的威胁（而且每天都在迫近），他们该怎么办？行动与探究和学习的过程（在第 5 章中讨论过）是密不可分的，但探究的重点主要是学习，而行动的重点是利用机会或者避开来自外围的威胁。

不确定性下的行动策略

采取行动的挑战在于仍然存在很大的模糊性和不确定性。这项技术会多快出现？市场会多快采用它？它可能历经哪些曲折？尽管威胁显然正浮现在地平线上，而且从长远来看固态照明就是赢家，但管理者也必须在短期内获利。如果采用的速度慢于预期，现有企业可能发现自己就像老故事中的杰克一样，用几个魔豆的不确定承诺换取未来多年仍然可挤奶的摇钱树业务。[1] 然而，如果管理者行动太慢，中村等先驱早已做好了征服市场的准备，就随时可能取而代之。

当公司意识到一个机会时，通常必须迅速行动起来，以便利用它（见插文《苹果快速打开它的 i》）。虽然也许没有时间进行第 5 章讨论的广泛探究和学习，但公司可以利用小规模发布为未来增长创造平台。他们还可以与其他公司合作，在分担风险的同时更快地行动，或者扩大竞争监控范围，以采取更广泛的行动。

---

[1]《杰克与豌豆》(Jack and the Beanstalk) 是一则英国童话，其情节梗概是：杰克和他的单亲妈妈同住，家中唯一的经济来源是头母牛。由于母牛已老到无法生产牛奶赚钱，母亲便叫杰克把牛牵到市场上去卖钱。在去市场的途中，杰克遇到了一位欲以"魔豆"交换母牛的男人，而杰克也答应了交换。回到家后，母亲发现杰克一毛钱也没赚到，只换来几颗不明所以的豆子，盛怒之下把魔豆通通丢到外面，并命令杰克立刻上床睡觉。一夜之间，魔豆长得飞快，杰克攀着延伸到天上的豆茎，进入了一个天上的世界，并闯入了巨人居住的房子和城堡。巨人回家后，发现了家里有"人味"，不过并没有发现杰克。直到巨人沉沉睡去之后，杰克偷了一袋金币，并原路逃离这个地方。之后杰克又回到巨人的住所两次并如法炮制，在巨人睡着时偷了其他的财宝：一个会下金蛋的鹅（或鸡）以及一个会自动弹奏的竖琴。但是，在杰克想要带着竖琴离开时，巨人被吵醒了，于是巨人紧紧追赶杰克，杰克便叫母亲拿斧头把豆茎砍断，让巨人跌落至死。而杰克和母亲便靠着从巨人那里得到的财宝，过上了幸福的日子。——译者注

使用许多小实验：一千个光点

许多小实验有助于创造机会，同时将风险控制在较小的范围内。正如第 5 章指出的那样，这些实验可用来探究和学习，但随着它们的成功，也为行动构筑了平台。例如，飞利浦推出了许多旨在提供固态照明等新兴技术实践经验的举措，从推出 LED 蜡烛到为医院建设环境照明系统。"我们采用了'实验和学习'的策略来更好地理解固态照明，并尝试新的商业模式。"飞利浦照明公司副总裁戈维·拉奥说，"这些实验使我们能够监控许多因素，如渠道冲突或蚕食效应。这是现有公司经常产生盲点的地方。通过创建试点，我们将风险降至最低。如果犯了错，我们会将其保持在小规模并快速学习。"[1]飞利浦设计了各种实验来测试新兴固态照明世界的不同方面。例如，考虑应用固态解决方案来改造传统照明技术（为旧插座设计新灯泡）；另一次实验在一个完全不同的模型中使用固态照明，使用环境照明面板。

第一个例子是飞利浦推出的奥莱尔（Aurelle）LED 蜡烛。它发出一种类似蜡烛的光，但不像真的蜡烛那样有明火且容易被风吹灭。拉奥说："奥莱尔 LED 蜡烛不是我们习惯的典型照明产品，它挑战了我们所有的系统和思维——从设计和产品研发，到渠道开发和营销。"他接着说："随着这种产品迅速地受到人们欢迎，我们不得不明显调整我们的工作方式，并且以比预期更快的速度前进。"这是一

---

[1] 在本章中引用的戈维·拉奥的所有内容都来自与作者的私下交流。

个真实市场中的真实产品,随着销量上升,它从实验室走出来,变成了一项可行的业务。然而,即使它失败了,公司的风险也很小。因为不确定哪些行动会有回报,所以目标通常是投资于许多小实验,然后对那些成功的实验给予支持。

苹果快速打开它的 i

有时候,公司没有太多时间进行探究和学习,所以必须从其他公司的实验中学习。苹果利用自己对纳普斯特和其他文件共享服务实验的了解,再加上其自己的收购,迅速获得了推出 iPod 所需的知识。即便如此,史蒂夫·乔布斯(Steve Jobs)仍然差一点与这场革命擦肩而过。他是近代史上最具洞察力的技术领导者之一,认识到了鼠标和图形用户界面的力量,这成就了麦金塔电脑;他还认识到了电脑动画的潜力,这成就了皮克斯。但在 2000 年夏天,乔布斯非常专注于完善 Mac 的视频编辑功能,他几乎没有发现数字世界最宏大的音乐革命之一即将来临。"我觉得自己像个笨蛋,"他后来在接受《财富》采访时说,"我以为我们错过了。我们必须努力赶上。"

乔布斯意识到这一转变后,苹果迅速采取了行动,立即在所有的电脑上添加了 CD 刻录机。随后,乔布斯收购了一家名为 SoundStep 的小公司,该公司由苹果公司一位前软件工程师经营,以启动软件开发。苹果用了 4 个月的时间开发出第一个版本的 iTunes,9 个月后推出了第一台 iPod 播放器。苹果仍需在 iPod 上播放内容,并与主要唱片公司达成协议,开发一个销售歌曲的平台。

对乔布斯来说,幸运的是,音乐行业当时正忙着起诉纳普斯特和他自己的客户——这减缓了该行业自身的数字创新，使得乔布斯拥有了更多时间。他原本以为自己不会有这么多时间了。2003年4月，苹果的iTunes音乐商店开张时，目标是在6个月内卖出100万首歌曲。这个目标在短短6天内就超额完成，到2005年年初，iTunes控制了所有合法下载数字音乐份额的62%，而且，尽管竞争激烈，但iPod仍占据了MP3播放器市场的一半以上。

作为这一系列实验的一部分，有些应用并不会立即产生回报。例如，安装在城市医院的照明系统探索了固态照明的更深远应用。它探索了不仅在现有插座中更换灯泡，而且改变整个照明基础设施和范式的机会。"整个价值链都围绕建造和填充插座而建立。"拉奥说，"固态照明彻底改变了这种范式。你现在可以在没有插座的情况下创造光。"

为了探索这个无插座的世界，飞利浦在芝加哥路德总医院（Lutheran General Hospital）创建了一个环境照明实验。飞利浦设计并建设了一个新的儿科心脏疾病馆，将环境照明技术集成到投影和LED照明面板中。年轻患者可以在4种不同的主题中选择：水上、太空、飞行或默认的熔岩灯。这些选择被编码在患者携带的射频识别卡上，如此一来，主题和照明随着他们进入房间而改变。周围环境增强了设置与程序。例如，如果一个孩子在手术过程中必须屏住呼吸，那么在水生场景中的水獭可能也会这样做，以此来树立榜样。

这两项实验不仅测试了技术，还测试了新的商业模式、价值链和市场反应。所有这些都有助于阐明这一新的市场空间的潜力。"我们在实践中学习，并根据我们学到的知识创造战略期权。"拉奥说，"这些实验的价值在于我们有能力挑战当前的商业模式，这正是我们通过这两项实验所取得的成绩。我希望尽快进行至少6项这样的实验，以根据学习采取行动。"

最初的实验通常是在LED照明的好处大于其局限性的市场中进行的。在换灯泡很难的情况下，固态照明的更长寿命就是一个天然的优势。固态照明的寿命比60瓦的灯泡长大约5倍。例如，欧司朗正在研发长条柔性胶带覆盖的LED，用于建筑物或游泳池的外部，要知道，在这些地方更换灯泡，要么十分艰难，要么非常耗时。

与其他公司合作

因为挖掘LED外围的目标相当明确，并且影响到整个照明行业，所以和其他公司联手探索也许是有利的。运用这种方法可增加资源，降低风险。照明行业的公司联合起来创建了一个名为"光之桥"（Bridges in Light）的倡议。2003年，主要的利益相关者聚集在一起描绘行业的未来，行业领军者搭建了一个"燃烧平台"来推动行业变革，并且利用这个平台为未来开发广泛的情景。此举仍在继续推进，目前正在全国电气制造商协会（National Electrical Manufacturers Association，NEMA）的主持下进行协调，该协会正将其作为照明行业的营销方案进行评估。

合资企业还允许现有企业获得与半导体制造模式、创新速度、进入全球市场和知识产权保护等问题相关的新能力。由于固态照明需要这些不同的能力，许多现有企业建立了合资企业。美国流明公司（Lumileds）最初由飞利浦和安捷伦科技公司（Agilent Technologies）在 2000 年左右成立，以设计和制造 LED。通用电气和半导体公司安科（Emcore）的合资企业通用安科（GELcore）也在制造 LED。这些及其他一些合作伙伴关系为现有公司提供了一个平台，使得他们在技术发展时采取行动，并且当技术在行业中变得更重要的时候参与其中。

更广泛地行动

公司常常必须扩大其行动领域，以涵盖更多的外围区域。例如，在照明领域，现有公司从更加广泛的角度看待整个价值链，以制定行动战略。传统价值链如图 6-1 所示。由于最终消费者更加关注价格，因此在这个本质上已成为大宗商品的行业，各公司正在打一场日益艰难的战役。他们试图影响为最终消费者选择照明材料的原始设备制造商（Original Equipment Manufacturer，OEM）、专业人员/设计师和承包商。随着残酷的价格战和货架空间的争夺，以及与规格师和设计师之间分享观念，这一局面有许多值得关注的地方。但是这种狭隘的范围掩盖了局面中的重要部分。公司应该问，在这种典型的价值链观点之外，有什么重要的力量和因素，它们如何改变我们的行业？

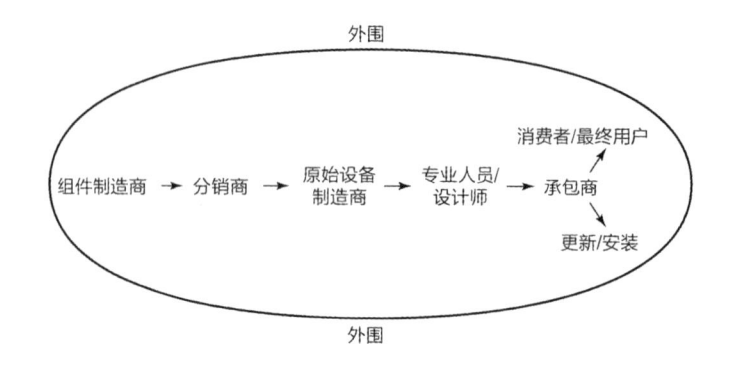

图 6-1 传统价值链

如图 6-2 所示，一个广泛得多的照明生态系统可能加速 SSL 的出现，也可能减缓其进步。例如，SSL 的传播将取决于技术、客户购买行为和需求的变化，或许还有法规的变化。新技术的发展还可能受到其他各种力量的影响，包括健康、安全、能源（负荷管理和需求/响应）、交通、协调研究、美学、可持续发展和"黑暗天空"环境问题。管理者应当着眼于这些不同的领域，在需要的地方采取行动。让我们思考以下几个例子。

（1）技术的发展。照明行业需要评估技术变化，特别是那些能够带来高质量白光的技术的开发及能够降低成本的创新。2000—2020 年，固态技术的价格预计从 50 美分/千瓦到 14 美元/千瓦，效率估计从白炽灯的 4 倍到 8 倍。这是一个很广的范围，意味着新技术可能占据当前白炽灯和荧光灯市场的 10%~90%。显然，照明领域的外围非常不明朗，因此照明公司必须投资开发技术或支持研究，特别是那些降低成本或者提高效率的技术或研究。

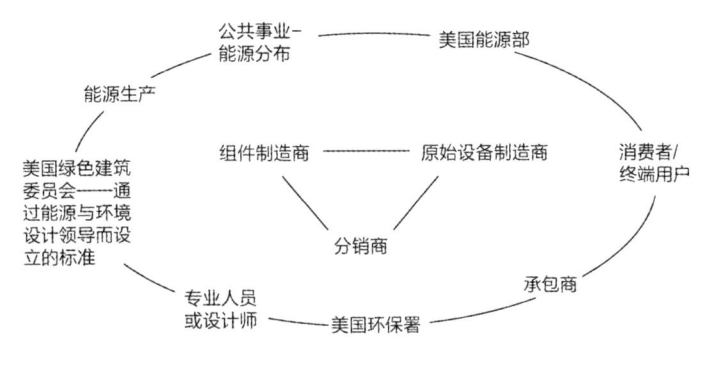

图 6-2 看待照明生态系统的更广泛视角

（2）**贸易用户和终端用户态度的改变**。虽然技术本身可以助力 LED 的采用，但承包商和最终用户的意愿可能是采用 LED 的一个限制性因素。每年需要更换或安装的照明设备，约占总流明的 1/3，这限制了 LED 这种新技术的最大渗透率。因此，管理者需要制定战略，以应对承包商、最终用户，以及影响消费者照明决策的设计师和专业人员等中间人。这需要对市场和渠道提出更广泛的策略，并且采取更广泛的行动。

（3）**游说和公共事务**。对节能和能源消耗的态度会对照明行业产生重大影响。这些态度将反映在市场对该技术的看法和政府监管之中。监管的影响可以从 LED 在交通灯中的使用中看出端倪。根据美国能源部的预测，固态照明的广泛采用可以将全球照明用电量减少 50% 以上，将总用电量减少 10%。对能耗、碳排放和汞污染及其他问题对环境影响日益严重的担忧可能加速向固态照明的转变。管理者必须通过游说、公共事务和其他策略积极主动地与政府和媒体打交道，以便在对其竞争地位造成最小损害并维持行业长期健康的前提下，制定这些政策。

（4）**为不确定性因素做准备**。另一个可能影响固态照明的外围问题是照明和健康之间的关系。针对新生儿的研究表明，早产儿在某些 LED 的照明条件下反应更好。此外，照明在治疗季节性情感障碍（Seasonal Affective Disorde，SAD，即与阳光季节变化相关的情绪波动）可能有益。另外，光也许对健康有着负面影响。例如，研究人员已经研究了夜间暴露在光线下与乳腺癌和结直肠癌报告增加之间的可能联系，但在这一点上，更像是转移注意力。人们还越发担心城区的"光污染"，黑暗天空行动呼吁改变公共和私人照明，创造更暗更自然的天空。管理者必须仔细监控这些问题，并为一些不确定因素做好准备，如医学照明应用的突破或者给整个行业带来寒意的负面研究。第一步的行动可能包括研究这些问题，与医疗保健参与者建立关系，并且影响关于黑暗天空的辩论。

照明公司的战略必须考虑竞争对手、客户和环境这些更广泛的视角。这需要在刚刚描述的更广泛的领域中采取一系列均衡的行动，仔细关注成本与收益。这里存在许多挑战，尤其是如何平衡已知领域的传统投资思维和未知领域的实物期权方法。

先发优势的局限性

人们常说，采取快速而大胆行动的理由之一是获得先发优势。新财富似乎大部分都流向了先行者。管理者可能只想要金牌，而不是银牌或铜牌。他们认为，收益属于那些积极感知早期信号、先于竞争对手预测威胁或机遇，并且毫不犹豫地采取行动的公司。理论上，先行者可以通过抢先于行动较慢的对手、锁定最佳位置和渠道以及在消费者心目中获得无懈可击的领导地位来制定竞争规则。

然而，经验证据表明的先发优势则是另一番情景。只有幸存下来的先行者才能实现收益。即使如此，"第一个吃螃蟹"的做法也不会被自动赋予优势，只是提供了一个机会。[1] 投入长期的资源需要勇气和对大众市场机会的清晰了解，以及在优势得到保证之前不懈创新。但很少有真正的先行者幸存下来领导市场。相反，大部分长期回报流向了资金充裕的快速追随者，他们从先行者那里学习。例如，金佰利（Kimberly-Clark）和宝洁都不是一次性尿片市场的开创者，但他们很快就占据了主导地位。通用电气并没有开创造影扫描机的市场，但从中收获了利润。

聪明的快速追随者需要具备非常强大的外围视野。在建立新市场时要注意的关键事件是主导设计的出现。所谓主导设计，是指为设定产品功能和优势并获得早期购买者支持的标准。它提供了一个平台，从中产生了一系列没有根本性区别的变体。一旦购买者、供应商和竞争对手围绕这种设计达成了一致，就消除了一个重大的不确定性。快速追随者通常会等待主导设计出现的那一刻迅速进入市

---

[1] 关于先发优势，有大量的文献。

场，成为市场发展的一部分。这意味着要像任何一位先行者那样，随时做好快速行动的准备——掌握技术、准备好产品设计，并且使市场和制造计划部署到位。主导设计出现的时候，市场通常会出现一个尖锐的拐点。不做好行动的准备常常意味着错过机会之窗，从而被降级为缓慢的追随者。克服这种延迟开始的一种昂贵而冒险的方法是收购一家有着广阔前景的先驱公司，并投入巨资。

因此，在快速的跟进中，时机就是一切。接下来列出了公司需要快速跟进的一些指标，它们由康斯坦丁诺斯·马基德斯（Constantinos Markides）和保罗·盖罗斯基（Paul Geroski）提出。

（1）**技术和商业模式创新速度放缓**。后续发展中提供的变体变得越发相似。

（2）**合法性越来越强**。事实上，市场已经从早期的狂热分子那里"跨越了鸿沟"，他们将经受许多挑战，以吸引大多数潜在消费者。

（3）**互补商品生产者的出现**。这些参与者提供了包括市场准入在内的基本服务，并对市场前景了如指掌。

成为快速追随者还为公司提供了更多的探究与学习时间。成功的快速追随者必须观察外围的动静，仔细监控某一新兴主导设计的领先指标。他们不得不与先行者一同学习，即使行动更慢一些。但是，由于快速追随者推迟了他们的投资和行动，因此，随着他们更多地了解不确定的未来，面临的风险将会降低。

知道何时学习或跳跃

当不确定性非常高，或者创造期权和实验的机会有限时，最好的办法可能是"观望和等待"。当所有的网络公司和首次公开募股（Initial Public Offerings，IPO）的公司都经历股票价格疯狂上涨时，投资者沃伦·巴菲特（Warren Buffet）却在场外观望，这看起来很愚蠢。但他的理由简单而令人信服："我不投资我搞不懂的东西。"时间证明，他是对的。

归根结底，这种策略和其他策略的智慧取决于风险回报计算。管理者应当如何决定对信号的反应有多积极？以下几个因素会影响选择。

（1）**可以使用灵活的期权**。要创造和实施战略期权，你得有机会这么做。一些行业和环境为这类期权提供了大量机会，而其他环境提供的可能性相对较少。如果可以使用这些期权，随着外围变得更加清晰，就能显著降低行动和学习的成本。但在其他情况下，这是一个要么全有，要么全无的命题。有时，组织可以创建新的结构和计划来扩大期权的机会，如中情局组建的 IQT。

（2）**信号的模糊性**。不确定性与知识的比率是决定是否对信号采取行动的关键因素。不确定性越高，就越需要加强学习并减少不确定性。由于通过探究和学习减少了不确定性，可能就有更强烈的理由采取行动。

（3）**行动的成本和可逆性**。行动方针的绝对成本也会影响选择。如果特定的战略行动的成本相对较低，在模棱两可的环境中行动会更加容易。如果成本相对于潜在回报很高，则需更加谨慎。成本的一个重要组成部分是撤销决策的容易程度，也就是可逆性的大小。如果可逆性的成本很高，那么大多数支出将成为沉没成本。

（4）**学习的机会**。有些环境几乎没有提供学习的机会，因此投资于探究和学习的策略可能只会推迟某个难以做出的决定。管理者必须清楚地确定他们试图从实验中学习什么，以及他们是否真的能够这样做。当他们无法进一步降低模糊性时，就必须采取行动或者选择退出。

（5）**停滞不前的风险**。如果停滞不前的风险很高——例如，当竞争对手和你一样，对同样的机会采取行动时，可能需要更加大胆的策略，特别是如果存在着先发优势的话。应当始终对停滞不前的风险进行正式的研究，因为现状很少会一成不变。

（6）**上行潜力**。收益和成本一样，都很重要。提前行动并且抢在竞争对手之前采取动作，有些什么样的上行潜力？在这种情况下，设定标准或锁定合作伙伴很重要吗？可能有滚雪球效应或者临界点动态在起作用吗？各种各样的概念框架有助于评估成为第一个或更早行动者的收益（与成本）。一个简单的框架是确定"无竞争市场日"的价值，也就是该公司占据整个市场一天将获得的收入，然后将其乘以重要竞争对手可能进入的天数。这是一个粗略的估计，但可以提供关于上行潜力的数量级评估。

不过，在采取大胆的方法之前，你应该小心地问问自己，是否有一些不那么引人注目的期权可以降低风险或者增大成功的可能性？可以创造真正的期权吗？你测试过你的关键假设吗？情景会导致其他期权吗？把所有鸡蛋放在同一个篮子里有什么风险？信号真的足够清晰吗，还是它们具有其他的含义？从别的公司已经进行的实验中可以学到什么？如果在这次测试之后仍然需要采取行动，那么有时你则必须简单地跳跃前进。

驾车冲破迷雾

根据外围视野行事通常就像多克托罗在迷雾中开车。管理者必须一步步地前进。虽然他们需要一个长期愿景，但必须认识到，大部分的景观仍然是模糊不清的。当他们沿着道路前进时，前方的每一寸场景都会逐渐展现出来。每一次行动都是下一次行动的基础。

随着环境变得更加清晰，投资就会更有信心，行动也可以更加果断。在此之前，重点应当放在减少不确定性和保留机会上。目标是通过一个侧视的过程和一系列的微小行动来填补一个模糊的、无色的、不清晰的、缺少细节的信号。用飞利浦的戈维·拉奥的话，就是"实验和学习"。隧道尽头的光可能作为一个新市场的开口或迎面而来的火车，或者两者兼而有之，正如传统照明行业所发现的那样。当公司采取行动时，他们开始向环境中发出自己的信号，并且以独特的方式组织其周边的模式。

成功穿越外围的迷雾需要选择合适的车辆。组织可以构建促进和支持外围视野的能力。第7章讨论有助于组织更好地在外围迷雾中前进的因素。

第 7 章

组织
如何提升洞察力

> 要看得比你能看到的更远是很困难的。
>
> ——温斯顿·丘吉尔

美泰公司的芭比娃娃似乎势不可挡。自1959年推出以来的十多年里，这款娃娃一次又一次地自我更新——包括医生、宇航员，甚至总统候选人等角色，销售了十多个亿，成为世界上最有价值的玩具品牌。但是，芭比娃娃最终还是变老了——不是她自己变老，而是它的受众年龄段大大压缩。女孩们很快地长大了，事实上在人生的更早时期她们就对芭比娃娃失去了兴趣。电脑和电子游戏的发展进一步挤压了玩具这个行业，游戏占据了这些忙碌的年轻女孩们更多的时间。芭比娃娃的核心市场从3~11岁的女孩"压缩"到了3~5岁的女孩。外围的这些转变给美泰带来了重大挑战，也给竞争对手带来了诱人的机会，如图7-1所示。

2001年，美嘉玩具公司（MGA）抓住了这个机会，推出了时髦的新的贝兹娃娃系列。他瞄准了不再迷恋芭比娃娃的早熟的大女孩（见插文《娃娃谷之战》）。贝兹娃娃看起来像是这些女孩们十几岁的兄弟姐妹和她们崇拜的流行歌星。在3年内，美嘉玩具公司售出了超过 8000 万个贝兹娃娃，她已成为 7~14 岁女孩玩具的顶级品牌之一。2004 年，贝兹娃娃销售额攀升至 7 亿美元，而芭比娃娃的销售额在 15 亿美元左右停滞不前，美泰在时尚娃娃市场的份额在 2001—2004 年下降了 20%。贝兹娃娃除了侵蚀芭比娃娃在美国市场的份额，在英国市场的份额也有所增加，到 2004 年控制了英国 30% 以上的时尚娃娃市场。

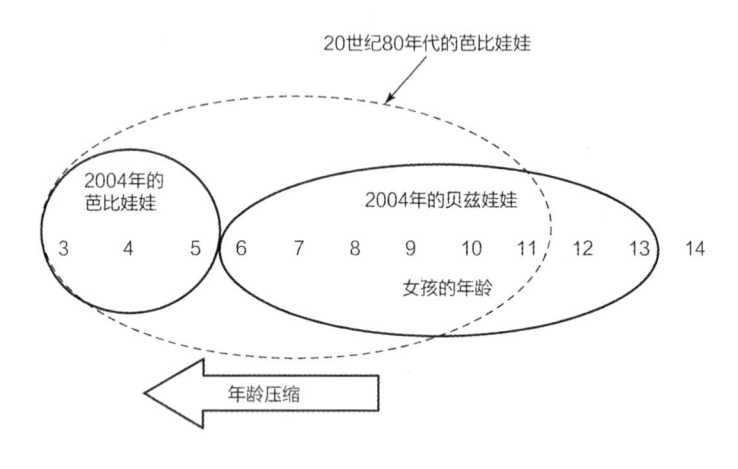

图 7-1 挤压芭比娃娃的核心市场

娃娃谷之战

是什么让贝兹娃娃如此成功？部分原因是她们看起来更像年轻女孩崇拜的街头少年，满足了她们对成熟的向往。芭比娃娃配有马车和童话般的服装，满足了 3~5 岁女孩的童年幻想，而贝兹娃娃描绘的是有态度的噘着嘴的青少年（见配图）。贝兹娃娃的创造者艾萨克·拉利安（Isaac Larian）认为，年纪很小的女孩把芭比娃娃视为母亲的形象，但随着她们的成长，会转向将年长的女孩作为榜样。虽然芭比娃娃的外表是主流，但贝兹娃娃的外表是多元化的，而且非常讲求时尚和妆容。

美泰公司时尚娃娃特许经营权的侵蚀远不是其外围问题，美泰30%~40%的运营利润依赖芭比娃娃的销售。美泰在事后积极行动，试图挽救芭比娃娃日益衰落的命运。贝兹娃娃发布整整14个月后，美泰将芭比娃娃的品牌进行扩展，其目标是年龄较大的女孩（我的主张），推出一个名为Flavas的街舞娃娃系列直接与贝兹娃娃竞争。罗伯特·库珀（Robert Cooper）的研究表明，Flavas这种山寨品牌通常只有28%的成功率，相比之下，独特和卓越的产品成功率为82%（请注意，本研究中缓慢而缺乏创造力的模仿者与第6章讨论的快速追随者不同）。美泰公司的Flavas品牌没有达到预期的效果，于2004年停产。美泰的任何举措都不足以阻止芭比娃娃在几年内失去1/5的市场份额。

如前几章所述，强大的外围视野不仅仅是在范围界定、搜索、解释、探究和行动方面偶尔表现出色的结果。它首先是组织可以发展和加强其能力的结果。美泰公司更难识别和应对环境变化的组织弱点是什么？哪些能力对组织建设其外围视野最为重要？具备这种能力的组织（警惕型组织）和不具备这种能力的组织（脆弱型组织）的区别是什么？

外围视野能力的 5 个组成部分

我们的研究已确定了外围视野能力的 5 个组成部分，它们对于一个组织始终善于感知外围的状况特别重要。

（1）鼓励广泛关注外围的洞察型领导。

（2）发展和完善战略举措的一种好奇的方法。

（3）奖励对边缘进行探索的灵活而好奇的企业文化。

（4）检测和分享弱信号的知识体系。

（5）发展鼓励探索外围的组织配置与一系列流程。

在我们对高管的调查中，领导力无疑是最重要的因素，其次是激励措施与一种鼓励分享信息和对外围感兴趣的配置（参见附录A）。如果组织的领导者对其边界之外的世界持短视的态度，很少有人关心业务的边缘，那么，该组织的外围视野的有效性将不如一个活跃而好奇的、实行系统搜索和探究的组织。

外围视野的能力与组织的感知和行为有关，而不是与他做什么有关，因此可以认为它们是跨越运营能力的组织的元能力①。② 有助于提升外围视野的能力往往比一些与内部生产、客户服务或联盟管理等领域相关的更注重运营的能力更广泛。在企业的日常需求中，这些元能力可能会被忽视或者开发不足。如果没有良好的外围视野，许多企业也许在短期内生存得很好，但会变得越来越脆弱，其地位可能很快被边缘意想不到的东西侵蚀。鉴于当前环境缺乏短期需求，领导力的作用成为至关重要的制衡力量。经理和领导者必须有意识地从内部发展和鼓励这些重要的能力。

在接下来的讨论中，我们将考虑这 5 个组成部分中的每一个，它们如何与美泰公司的故事相关联，以及如何将它们进一步磨炼为组织元能力。

鼓励广泛关注外围的洞察型领导

拥有强大外围视野的领导者可以将整个组织带向新的方向。例如，媒体和电信巨头康卡斯特（Comcast）的布莱恩·罗伯茨（Brian

---

① 元能力，简单来讲就是培养能力的能力，所有能力的原点。广义上的元能力包含学习能力和解决问题的能力。——译者注

② 在本章中，我们特意关注组织能力，因为与在公开市场上容易获得的硬资产相比，组织能力往往是差异化和优势的更大来源。能力已经深深地嵌入组织中，这使得它们很难被模仿，即使竞争者可以发现它们。例如，尽管大多数竞争对手都能看到沃尔玛的物流能力，但事实证明很难复制。由于能力往往是难以模仿的，因此它们可能是稀缺、持久的，也是获得高额利润的源泉。它们往往是某家公司独有的，这使它们难以交易或转让。它们往往是互补的，因此创造了一个可以带来高于平均水平的投资回报的系统。但能力必须与公司的市场和行业的性质以及竞争结构相适应。能力必须反映和体现结构、政治和过程的优势。

Roberts）不仅将公司从一个非常有限的地理区域中转移出来，还将其发展重点从频道转移到了内容上。罗伯茨推行的地理扩张，包括收购美国电话电报公司的有线电视业务，将康卡斯特公司打造成了美国最大的有线电视运营商。在一个通信频道竞争激烈的数字世界中，公司进入了最初人们认为是外围的领域。康卡斯特对沃尔特·迪士尼（Walt Disney Company）的电影、体育和其他节目的竞标失败了，然后就与索尼一起收购了米高梅公司（Metro-Goldwyn-Mayer）庞大的电影库。2004年，康卡斯特在内容上花费了45亿美元来支持其点播策略。这种每月向用户提供数百部电影的重点转移，旨在将该公司与卫星电视和其他争夺家庭数字通道控制权的竞争对手区分开来。所有这些战略的重新定位，都需要领导层愿意并且能够超越目前的有线电视服务业务，转向更多的外围区域。

一位拥有25年成功业绩记录的精明投资经理人反思了他是如何选择少数公司作为赌注的。他的结论是，正如我们在自己的研究中发现的那样，领导力是基石："一切都从CEO开始。我见过很多CEO，最好的CEO与他们的外围高度协调一致。因此他们的组织可以更好、更快地看到可能性……那些密切关注现有业务的人是优秀的COO（首席运营官），但他们不是长期的领导者。"

他指出，与他共事过的最优秀的高管都是十分优异的概念思想家，能够预见宏观环境中的新模式。例如，他引用了一位CEO的话，这位CEO在中国宣布举办奥运会后就敦促他的组织思考奥运会的影响："他不仅想要建筑产品需求明显的一级效应，而且尤其想要价格上涨时对替代产品的二级效应。"

随着这位投资经理人的进一步思考，他意识到，成功的CEO都很聪明，很有安全感，而且会毫不犹豫地与比他们更强的人在一起。他们鼓励激烈的辩论与对话，因为他们不会假装知道所有的答案。他们吸收大量信息和应对不确定性的能力，进一步提升了倾听技巧。这位投资经理人通过观察总结道："如果你只遵循传统的和直接的暗示，就只会成为芸芸众生中的一员——成功来自更有想象力的思考。"他创造财富的长期记录和关于高效CEO的来之不易的洞察，与我们自己的研究非常吻合。

相比之下，在贝兹娃娃进攻美泰的市场之前，美泰的领导层由于内部危机而缩小了关注焦点。1999年，美泰斥资38亿美元收购教育软件制造商学习公司（The Learning Company），这是一笔损失惨重的投资，导致公司10多年来首次亏损。2000年5月，从卡夫公司（Kraft）跳槽来的CEO罗伯特·埃克特（Robert Eckert）扭转了美泰公司的局面。他专注于为公司带来"稳定性和可预测性"的各种举措。

这类危机往往使领导层集中注意力，缩减外围视野，并创造一种注重短期绩效的文化（绩效型组织）而不是注重长期和广泛探索的文化（学习型组织）。虽然美泰削减成本的举措提高了利润率，但2003年在美国的总销售额下降了11%，其中芭比娃娃在美国的销售额下降了15%。该公司在市场份额不断缩小的情况下却越来越高效。更广泛的观察范围包括关于玩具、电子游戏、音乐、电影和其他娱乐形式的变化的竞争情报，这些可能有助于美泰更早地察觉到市场的变化。

任何组织如果想要改善其外围视野,都需要领导者给予适当指导和支持。由于外围几乎没有获胜者,因此从本质上讲这是一个黑暗的、高风险的区域。很少有士兵会去那里侦察,除非高级指挥官明确支持并奖励这样的"短途考察"。最重要的是,领导者要有长远的眼光,敢于冒着可能让自己丢掉工作的风险。几乎没有哪位经理有足够的安全感采取这种姿态。

组织的高层具有强大的外围视野固然至关重要,但在其他所有层面上,组织都需要加强领导。尽管我们通常认为领导是自上而下的,但迈克尔·尤西姆(Michael Useem)等人也强调了"自下而上领导"的重要性。在涉及外围时,这种领导尤其重要,因为在组织深处的员工可能对外围的变化有着最原始的看法或最深刻的见解。他们也许更接近客户或竞争对手,更能察觉渠道组合的变化。他们的见解必须得到公平的倾听,这样组织才能从中受益。高效的领导者既需要具有带领组织朝着新方向前进的意愿,也需要谦逊地倾听来自外围的具有挑战性的不同观点。詹姆斯·柯林斯(James Collins)在他的《从优秀到卓越》(*Good to Great*)一书中将这种决心和谦逊的矛盾结合称为"第5级领导"。

发展和完善战略举措的一种好奇的方法

除了领导者的外围视野之外,公司的外围视野能力的第二个组成部分是对战略思考和规划的探究性方法。具有强大外围视野的组织往往制定了更灵活的战略流程，具有更长的时间跨度，能够合并不同的输入，并且使用情景规划、实物期权思维和动态监控等工具。

在大多数组织中，严格的预算导向的计划往往使管理者关注当前的时期、市场和业务，与此相反，强化外围视野的计划应当是灵活的、以问题为导向的和富有远见的。应当鼓励管理者在不受惩罚的情况下重新思考他们对计划和目标的假设。关于战略的问题需要在整个组织中广泛地分享和讨论。战略制定过程也应包含不同的信息来源，包括关于客户和来自客户的见解、相互竞争的信息、外部专家的观点，以及对可能颠覆业务的新技术的新颖想法。

强生公司创建了一个名为 FrameworkS 的战略流程，用于搜索不稳定的外围。该公司在一个复杂而快速变化的世界中运营。管理者不仅需要关注市场和技术的转变，还得关注医疗法规的变化、保险覆盖范围和处方以及从创可贴和泰诺感冒药等零售产品到一次性隐形眼镜和伦理药品制造等行业的竞争动向。其分散的结构，加上在世界各地拥有 200 多家相对独立运营的公司，有助于保持其业务贴近各自市场的需求。但强生也制定了一套规划流程，密切关注着外围的动向。

许多年前，强生的执行委员会和战略工作队成员问他们自己，2010 年的人口状况将会如何？ 20 年后的客户档案会是什么样子？典型的诊所或医院是如何运作的？政府将扮演什么角色？ 2010 年的科技会是什么样子？支付者的角色和权利是什么？这种提问的方式已成为 FrameworkS 流程中的一部分，激发了人们对外围的强烈好奇心。

为了增强外围视野，战略的制定必须在问题驱动的或假设驱动的调查与将会收获意外之喜的开放而好奇的思维之间求得平衡。强生的问题可能导致组织考虑完全不同的情况和新的机会。但要做到这一点，需要对异议有很高的容忍度，甚至愿意接受悖论。正如第 2 章和第 5 章所讨论的那样，情景规划和其他描绘未来的方法尤其有助于拓宽战略思考和规划的范围，因为它们鼓励不同的视角，并且保持这个过程对多种解释的开放。其他的战略能力，如使用实物期权的经验（在第 5 章讨论）和建立联盟的能力，都可以提高组织的外围视野能力。联盟伙伴通常是关于外围的有价值的信息来源，直接有助于组织的学习。但是，为了获得这种学习，组织必须有能力管理从合作伙伴关系中得来的知识与见解。

相比之下，美泰的规划主要集中在当前的产品系列上。美泰公司每年都会推出 150 多个不同的芭比娃娃和 120 套新服装，这使得芭比娃娃保持在时尚前沿。但这种对品牌内部渐进式改进的强调，将领导者的注意力从其目标客户群体的年龄压缩上引开了。吸纳了现有客户的焦点小组着眼于完善芭比系列，但不能辨别客户群的变化或者年龄大一些的女孩子的离开，后者不再认为芭比娃娃有吸引力或对自己很重要。在更大的范围内，美泰可能运用不同的搜索工具来更广泛地观察外围。他本可以更加密切地关注"叛逃的"和不满的顾客。该组织原本可以尝试像耐克（Nike）和锐步（Reebok）那样的方法，利用酷猎手在现有客户群之外寻找引领潮流的人。美泰还可以为员工和零售商提供奖励，使他们提供有关市场变化的最新信息。

奖励对边缘进行探索的灵活而好奇的企业文化

因为并非所有这些流程都可以获得精心安排，用数字来衡量或者用金钱来奖励，所以外围视野的能力的第三个组成部分是鼓励适当行为的文化和规范。文化的改变往往是非常缓慢的，通常是在成功地改变与外围视野相关的其他能力时做出的反应。许多企业文化是规避风险和保守的，对范围界定和广泛搜索的灵活性有限，因此企业领导者无法在焦点视野之外的地方看到相关数据的可能性增大了。然而，组织的文化可以通过鼓励好奇心来保持一种平衡，从而带来更好的外围视野。

博客（我们在第3章将其作为广泛的见解来源进行了讨论）可能是一种鼓励组织好奇心的有效机制。例如，太阳微系统公司鼓励其3.2万名员工创建在线博客。虽然只有大约100名员工在积极地这样做，但这些人包括了总裁兼COO乔纳森·施瓦茨（Jonathan Schwartz），他写的一篇博客，大约3.5万名员工、客户、合作伙伴甚至竞争对手都读了。他用这篇博文分享了他对技术与行业变化的见解。虽然施瓦茨表示除了电子邮件的使用在公司是强制的以外，博客在公司并不是强制性的，但他补充道："我很难看到某位经理如何在没有这两者的情况下发挥其领导效力。"

然而，大多时候，组织文化往往限制其外围视野。《纽约时报》在执行主编豪厄尔·雷恩斯（Howell Raines）领导下的文化，被外界形容为是由一位"以恐惧统治、自我驱动、独断专行的……讨厌听到不必要真相"的高管塑造的。虽然雷恩斯一心一意帮《纽约时报》创下一年赢得 7 项普利策奖的纪录，但这种文化的局限性也诱发了记者杰森·布莱尔（Jayson Blair）的剽窃和捏造丑闻。外界越来越强烈地认为布莱尔的报道存在问题，但雷恩斯对此不予理会。2003 年 6 月该丑闻曝光后，雷恩斯辞职。同样，安然公司强大但不计后果的文化，加上董事会对恶劣行径的视而不见，使危机不断加剧，最后一经曝光，导致公司倒闭。

一些行业中的公司更加注重外围的企业文化。例如，时装业的公司或者那些与变化无常的消费市场打交道的公司往往被迫发展强大的外围视野，这仅仅是为了在这样动态的环境中生存。[1] 而除此之外的其他组织在知识管理与调查体系方面具有优势。[2] 这些组织可以提供一些能被其他组织模仿的模式与方法。

在贝兹娃娃推向市场的时候，美泰公司的文化是以产品为导向的。在该公司长达一百多页的手册中，其聚焦于内部的关注焦点显而易见，手册规定了芭比品牌所有的"该做和不该做"的事项清单。由于美泰是市场领导者，他采取了一种防御性的姿态，调整了产品

---

[1] 斯坦福大学的凯瑟琳·艾森哈特（Kathleen Eisenhardt）和他的同事们研究过公司在高速环境下如何运营，以及他们如何在不失去立脚点的情况下在边缘进行管理；同样，彼得·圣吉也是创建广泛的学习型组织的早期支持者，他发现的许多特征也适用于此。

[2] 哲学家 C. 韦斯特·丘奇曼（C. West Churchman）研究了嵌入的哲学前提对组织构建的探究系统的影响有多深；梅森（Mason）和米特罗夫（Mitroff）拓展了这项研究，考察了管理者的性格和心理风格（通过使用著名的迈耶斯—布里格斯测试进行测量）如何影响他们对数据与查询系统的偏好；对组织文化的人类学研究可以进一步阐明价值观和规范如何阻碍或增强外围视野。权力距离大、不确定性规避高、未来导向弱的组织（这里仅提到组织文化的 3 个已被充分研究过的维度），在面对来自外围或组织内部较低层次的弱信号时，可能表现得很差。

系列，做出了微小的改进，而不是试图真正地了解目标客户和其他客户不断变化的需求。

创建一个预警生态系统，在组织内传递信息。这种文化可以被设计成中情局所说的"预警生态"，其目的是鼓励人们注意警告信号，即使这些信号与他们当前的任务无关。例如，消防机构可能培训和激励一些消防员，让他们在进入老人家中时要留意屋子里的杂物会增加老人髋部骨折的风险。接下来消防员就会提醒老人的护理员或卫生保健组织采取措施防止此类事故发生。一般情况下，消防员只会专注于响应消防的呼叫，但有了预警生态系统，他们还可以帮助防止未来可能发生的事故。同样地，组织要想方设法鼓励现有的传感器网络共享关于预警信号的信息，这些信息可能对组织的其他部分十分重要。如下面讨论的那样，组织可以通过激励和培训来鼓励这种预警生态系统的形成。

检测和分享弱信号的知识体系

一家英国超市注意到其价格高昂的法国奶酪的销量下降了。但在将奶酪从箱子中取出之前，超市先将这些信息与客户数据库进行了交叉核对。由于掌握了顾客的会员卡信息，超市对顾客的购买模式有了广泛的了解。数据库显示，尽管法国奶酪的销量相对较小，但该超市能从购买这些奶酪的顾客身上赚到最多的钱。因此，该超市仍然将这些奶酪留在自己的商店里。

这个案例虽说演示了收集和挖掘客户信息系统带来的好处，但也显示了这些系统的局限性。例如，还有哪些产品像法国奶酪一样可以添加进来，吸引从未走进商店的新顾客从而获得利润？对法国奶酪感兴趣的背后是什么样的更重大的社会趋势？这家超市如何进一步利用这些趋势？其他竞争对手是否正在利用这一趋势和其他趋势，如更复杂的口味、即食食品或有机农产品？会员卡和其他收集顾客信息的系统提供了当前顾客的详细情况，但只是一部分情况，外围是一个更大的世界。解读当前顾客和竞争对手的弱信号是组织迈出的良好的第一步，但看到和解读来自更广泛世界的混乱的弱信号则是更大的挑战。

具有良好外围视野的组织拥有建立强大的知识体系的能力，特别是在我们的数字世界之中从海量数据中辨别弱信号的能力。他们知道如何跨越组织边界共享这些信息。由于数据挖掘的出现，各公司形成了数据的"珠穆朗玛峰"，这些堆积如山的数据往往被视为是不可逾越的；各公司已经变得数据丰富而综合能力贫乏。例如，英国零售商西夫韦（Safeway）在意识到无法使用顾客的会员卡生成的数据后，取消了会员卡。除了客户和竞争对手的信息，各公司内部还会产生大量的数据，如来自个人销售代表的见解。

威廉·吉布森（William Gibson）曾说过："未来就在这里，只是尚未广泛传播。"组织需要创建渠道来传播组织中已经存在的关于未来的知识和见解。正如第3章中讨论的那样，公司需要搜索公司内部的信息。越来越多的组织试图将信息源汇集到容易访问的知识管理体系中。当然，还有广阔无垠的万维网。各公司开始把他们的"哈勃望远镜"集中在这个巨大的、无结构的、不可靠的宇宙上，以收集具体的见解。如何管理这些海量的数据是信息共享能力的核心。

管理者应当考虑他们的信息系统中是否存在重大的结构性漏洞，在这些地方，组织应该接收信息，但不是因为社交网络在起作用。如果组织确实利用了社交网络，管理者可以通过改善组织系统来弥补这些漏洞。类似地，管理者可能询问他们的组织是否遭受了黑洞的折磨，也就是说，组织中的一些地方（即群组、系或部门）是信息的"陷坑"。这些"陷坑"和天体物理学中的黑洞有着相似之处，它们从不透露信息，而天体物理学中的黑洞从不发光。组织中的这些"陷坑"吸收大量信息，但很少分享。当弱信号在从微弱的搅动到有意义的信息的复杂路径上遇到这样的黑洞时，它们可能在自己的轨道上走进了一条死胡同。如果组织的某些部门与知识丰富的其他部门过于隔绝，它们可能成为无法识别、增强和处理与整个企业相关的外围信息的结构性漏洞。

美泰对贝兹娃娃的失误并非由于缺乏数据。该公司收集了大量有关销售的数据；接受了不下5家公司的市场调研；设立了焦点小组、购物中心，甚至访问了儿童之家，以了解玩要模式的变化。早在20世纪80年代，芭比娃娃就出现了年龄压缩的第一个迹象。但到了2000年，其信息系统由200个零散的企业系统组成，在这些系统之间共享数据并不容易，因为它们大多数是相互独立的。在2002年的一次分析师电话会议上，新任CIO（首席信息官）约瑟夫·埃克罗斯（Joseph Eckroth）说，这些系统阻碍了生产率的提升，降低了运营效率，减缓了公司对环境变化的反应能力。2002年年初，美泰公司对其信息系统进行了全面改革。但是，也许是被财务上的挑战分散了注意力，该公司未能"连点成线"并对所看到的情况做出快速反应。由于美泰在芭比娃娃上投资了几十年，一旦出现亏损，就会导致更大的损失，这导致了他秉持更加谨慎的态度。当他推出时髦一点的天后斯塔兹（Diva Starz）系列娃娃时，遭到了顾客的反对。多年来统治市场的公司尤其会面临忽视外围力量的风险，这些外围力量将改变大家熟悉的局面。

美泰的组织结构也不利于内部沟通。在2003年美泰品牌成立之前，美泰负责制作男娃娃和女娃娃的部门分别像一个独立的兄弟会和姐妹会一样运作（甚至在芭比娃娃与男性玩偶肯广为人知的"分手"之前，两者的研发团队之间几乎没有交流）。这些部门之间几乎没有互动，公司不同品牌之间也几乎没有职业的变动。2003年建立的美泰品牌新结构旨在创造更多男孩和女孩组织之间的互动，但那时，贝兹娃娃已经在市场上根深蒂固了。

消除或挑战竖井。组织的竖井或者说"烟囱"可能阻碍或促进信息共享。例如，虽然星巴克（Starbucks）分散化的营销责任确保了管理者能适应当地的口味，但总部的组织更难识别更加广泛的变化。尽管业界认为该公司是世界上最精明的营销组织之一，但他没有战略营销小组或CMO（首席营销官）。营销责任分散在三个独立的组（市场调研组、品类组和营销组）。2002年，这种结构妨碍了公司意识到以下三点：其品牌正在弱化；其正在改变的客户群体已转向更加年轻的、并未受过良好教育的和收入更低的客户；其客户满意度正在下降。关于这些趋势的信息，在单个的星巴克商店中就可以获得，但由于组织配置的劣势，这些洞见未能迅速地综合起来。关于大局的洞察，很久之后才缓慢地被领导层意识到。公司可以通过重塑"烟囱"或围绕它们创建整合的结构来扩大管理者的框架。

捕获微弱的萌芽。各公司管理消费者数据的能力正在不断提升。例如，管理人员正在利用实时信息来调整价格。他们加入了预测分析，帮助预测趋势的走向。但这两项进步主要关注的是当前业务的结构化数据，这主要属于组织的焦点视野范畴。挑战还在于处理混乱的、非结构化的数据。组织必须对异常值和弱信号给予适当关注，这些信号通常在系统中为了寻求明确的洞察而被过滤掉了。

基于传统档案的方法和更为现代的决策支持方法的知识管理学科应运而生，以帮助解决信息超载问题。所有这些系统面临的挑战是，在我们知道哪些信息是真正相关的之前就确定它是否值得保存，并且确定日后需要时如何检索到它们。对于外围信息来说，这是一项尤为艰巨的任务，因为这些信息往往不完整、模棱两可，而且相关性似乎很低。存储所有弱信号是不明智的，但是，如果严格地加以过滤，则又可能过滤掉重要的信号。

识别重大威胁的一种方法是指定一名高管充当"收集妄想狂"。这个人应当拥有足够的资历在组织中获得发言权，确保认真对待负面的、危及公司生存的信息。另一种捕捉弱信号并采取行动的方法是从不同部门派出 2~3 人组成搜索小组。这些小组应当考虑这样一个问题：新的系列产品今年可能发生的最糟糕的事情是什么？一旦识别了这些威胁，小组就可以列出一系列警告信号。在研究了潜在的威胁之后，小组还可以考虑对公司而言什么是可能发生的最好事情。这将使组织更加关注微弱的波动，并且允许管理者更快地"连点成线"。

使用市场机制和高级分析来掌握大局。一位前中情局局长提议设计一个恐怖主义市场，以便政府官员和公众都能监控消息灵通的玩家是怎样评估各种恐怖主义行为（如巴黎埃菲尔铁塔或伦敦大本钟遭到破坏）发生的可能性的。反对将赌注押在恐怖主义和不幸上的政治人士很快扼杀了这种想法，尽管专家小组和意见市场的概念本身就有很多可取之处。学术研究充分证明了市场或群体的智慧。这种人为的影子市场可用来追踪和奖励关于任何话题的卓越见解。例如，有一个非常精确的市场可以预测人们用金钱和名誉投票的总统选举。

关键是设计一套专业的和通用的情报收集设备，这些设备能像军事情报系统扫描地球表面和天空的不寻常事件一样监测外围。管理者能够越来越多地利用强大的信息处理技术来检测、编码、存储、传输甚至解释数据。虽然大多数高管的监测面板往往缩小了企业的关注焦点，但可以设计更广泛的系统来追踪外围的关键发展，还可以远程召集专家小组，对不明确的信息做出判断。IBM 的 WebFountain（在第 3 章进行了讨论）可能做了私营企业中最雄心勃勃、最全面系统的尝试，通过不断从网络空间和其他来源获取数据来对外围进行编码。从模式识别到信息存储和检索再到加密，各种技术不断提高着组织窥探外围的能力。

发展鼓励探索外围的组织配置与一系列流程

领导、战略规划过程、文化及知识共享系统都鼓励采用适当的组织架构支持拓展外围视野。在贝兹娃娃突袭芭比娃娃之后，美泰公司成立了一个名为鸭嘴兽项目（Platypus Project）的创新中心，将不同的团队聚集在一起，开发新的产品创意。其目的是开发新的热门产品，而不是推出下一代芭比娃娃或模仿贝兹娃娃。该项目的12名成员轮流在一个专为游戏和创意设计的工作室工作3个月。他们组成团队，实地观察孩子们的游戏，采访家长，并且创造性地进行头脑风暴，以构思新的产品概念。成员们会围绕着他们感兴趣的想法站在一起。这一举措不仅是为项目和市场创新而构思点子，还通过新参与者的稳定轮换，在更大的组织中传播其提升创造力的方法。

这类举措帮助该公司创造了真正的新产品，如 Ello，这是一个针对 5~10 岁女孩子的原创"创造系统"，可以用来建造所有东西，从房子到人再到项链。2003 年，Ello 推动美泰公司的"其他女孩品牌"在全球的销量增长了 5%。通过建立鸭嘴兽项目，美泰在本质上创造了新的细胞，以更快地发现外围机会并重新配置组织，使得这些洞见成长为新的产品。类似地，宝洁创建了一个系统，让管理者暂时离开工作岗位，并且要求他们在极短的时间内为一家重要的新企业创建一个快速原型计划（见插文《间断训练营》）。这样的举措可以动摇和扩大管理者狭窄的关注焦点。

其他的组织结构也可以促进外围视野的拓展。正如第5章讨论的那样，中情局创建了一个外部风险基金IQT，以发现和评估可能对其有用的新兴技术。一些公司成立了投资基金，如英特尔资本（Intel Capital），其目标是密切关注新兴技术。内部组织配置的其他关键方面有助于加强对外围的洞察，包括聘请一些员工来增强组织的好奇心和组织视角的多样性，并且创建激励机制以鼓励和奖励个人的外围视野。正如我们将在第8章讨论的那样，为外围分配明确的责任十分重要。

为增强好奇心而聘请、培训和奖励员工。有些人天生就比其他人有着更强的搜索外围的能力。当你参加一个聚会或招待会时，会注意到外围的什么情况？谁在和谁说话？谁提前离开了？哪里似乎有笑声或者气氛紧张？有些人会注意到发生的每一件事，而另一些人则几乎什么也没有注意到，即使是晚上与他们交谈过的几个人，他们也印象不深。为了增强组织的好奇心，人力资源部门——涉及招聘、培训、晋升和薪酬，可以成为改变组织中的人员构成的重要杠杆。

间断训练营

宝洁创立了一种名为间断训练营（Discontinuity Boot Camp）的方法，这个名字发出了一个明确信号，即这项工作有望挑战现状。在新手训练营中,训练师将经理们带离现场,让他们在很短时间内创造一个原创产品的点子。以前,创新者必须在纸巾的背面写下他们的点子,而现在,技术可以帮助人们将新的点子原型化。仿真技术的应用使信息的流动加速,并帮助创建了描述所提概念的粗略视频原型。一则雏形电视广告可以迅速让某个难以想象的点子变得更加真实,并且以一种极其切身的方式阐明其潜力。这种方法使得参与的经理和评估概念的人们有机会评估概念的吸引力是否足够强大,是否具备足够的差异,以保证拥有足够的时间和资源来更充分地发展和完善它。评估这些新点子的人们还可以看看他们在标准商业计划中找不到的东西,即对这个点子的激情和兴奋感。这是一项强大的业务吗?

整个过程比通常的做法要快得多,也更难一些。在探索外围时,目标不是看到所有的细节,而是快速确定是否值得组织投入更多的关注。从本质上讲,这些方法允许组织对一些东西进行快速的侧视,以决定是否将更多的注意力转向这个边缘概念。

组织可以为员工的多样性和新员工强大的个人外围视野而设计,这两者都有助于增强组织的搜索能力。在招聘新员工时,组织可以提出特定的问题或进行测试,以评估员工的兴趣及他们搜索外围而不至于分心的能力。在设计绩效评估方案时,要评估经理和员工洞察来自外围的项目的频率及做这些项目的成功程度如何。在培训计划中要包括关于批判性和创新思维、情景规划、动态监测和弱信号检测的研讨会。告诉你公司的员工,当我们试图理解外部世界时,

有时候会成为认知过滤机制及偏见的受害者。

小结：将一切综合起来

一个组织的外围视野能力的各个组成部分是高度相互关联的，如图 7-2 所示。它们都应当相互加强，以领导为首要主题。强有力的领导可以很好地帮助整个组织真真切切地感受到外围的存在。

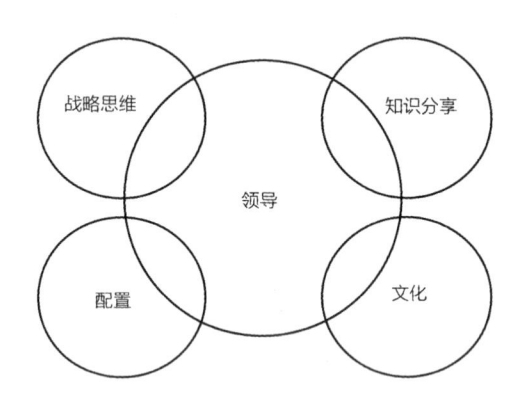

图 7-2　外围视野能力的组成部分

不过，这种相互关系有时候是复杂的或微妙的。一个区域的优势似乎可以改善外围视野，但实际上可能因为限制了灵活性和好奇心而缩减这种视野。例如，思科（Cisco）通过"虚拟关闭"实时结算的能力，使其看起来与环境高度协调。公司不是等待一个月才了解自己的业务进展如何，而是每天都了解自己的处境，时刻掌握着财务脉搏。虽然这将其注意力集中在实时的当前业务上，但不一定有助于公司认识到最终影响业务的更广泛的环境的变化。思科迟迟没能察觉网络公司崩溃后导致的经济衰退，于是被迫在2001年承担了数十亿美元的库存支出。也许这种情况无法避免，但实时结算给公司提供了一个非常精确的后视镜，而不是更好地看到前方的道路。事实上，这种实时管理系统反而可能会造成一种错误的安全感。

虽然本章中的每一条建议都可以改善外围视野，但综合的方法将提供更为强大的力量。在设计打造具有强烈好奇心的组织时，建议管理者采用一种系统观点，即总体大于部分之和。各种内部组织力量将会寻求维持现状，反对任何的变革。在这里，橡皮筋理论是适用的。一个孤立的小小变化就像轻拉一根橡皮筋然后放开它，橡皮筋会迅速恢复到最初的状态。如果变化没有得到强化，组织就会回到变革之前的状态。这里给出的每一条建议都可以加强其他建议，但企业必须在分配给外围视野和焦点视野的资源之间取得正确的平衡。在接下来的章节中，我们将进一步探讨如何评估和改善组织中的外围视野，尤其是领导者的角色。

第 8 章

领导
一份行动方案

> 放弃你可以预测未来的幻想是一个非常解放的时刻。你能做的就是给自己一种能力去回应生活中唯一的确定性——不确定性。打造这种能力是战略的目的。
>
> ——英国石油公司（BP）前CEO
> 约翰·布朗（John Browne）勋爵

英国广播公司（BBC）的一位高管乘飞机离开伦敦时，俯视着泰晤士河沿岸备受争议的千禧巨蛋（The Millennium Dome）的未来主义轮廓。她认为，她的组织必须在缓慢移动的传统与数字世界的挑战之间取得平衡，后者伴随着铺天盖地的对千禧巨蛋的大肆宣传和不确定性的承诺。当她身在这座城市和BBC的复杂景观之上时，她在想，我们如何才能引领人们进入这个新世界，并且与付费的观众保持联系？

英国政府资助的公共服务广播公司BBC面临着一系列复杂的挑战。整个2004年，BBC似乎都深陷困境。该公司两名高级官员在

第8章 领导：一份行动方案

对一项关于"操纵"伊拉克战争情报的不准确指控进行恶意调查后辞职。此外，外界对许可费也提出了广泛的批评。许可费是对2400万拥有电视机的英国家庭强制征收的一种税收（尽管它用于支付英国国家和地区的电视、广播、在线和互动服务）。技术在不断更新。随着数字广播开通了400多个频道（20世纪80年代早期只有4个频道），BBC的竞争对手对其融资方式变得更加愤怒。2005年，在这种紧张的气氛下，BBC就其特许协议进行谈判，该协议授权BBC服务的存在并收取许可费，这是该公司30亿英镑（约合56亿美元）营业收入的主要来源。这些收入支撑着BBC的8个电视频道、10个广播网络以及遍布英国和英联邦的在线服务。BBC全球有限公司（BBC Worldwide Ltd.）和BBC风险投资集团有限公司（BBC VenturesGroup Ltd.）这两个在世界各地销售商品和服务的商业部门产生了额外的收入。

BBC的节目编排是一个持续不断的实验，而公众的口味往往很难预测。例如，2005年，BBC的古典音乐电台第三电台（Radio 3）花了整整一周时间播放贝多芬的每一首作品，还播放了电视上的配套戏剧和纪录片。此举获得巨大成功。在广播开始后的5天内，5首交响乐的下载量达到了62万次（在广播所有9首交响乐的最后一天，下载量达到了140万次），这使得贝多芬在下载排行榜上的排名达到了1~5位，领先于最热门的流行歌曲。

但最重要的转变之一是数字革命，各种数字平台上的设备和内容激增。到2005年，广播已经可以通过数字电视、互联网和移动设备来收听了。听众还可以接收数千个国际电台。这些技术趋势助长了观众的分化，加速了视听品位的变化。BBC需要平衡研发和新媒体，以实现其核心的创意、民主、社会和文化目的。如何才能在不变得神经质和心烦意乱的情况下对这种广泛而多变的外围采取行动呢？

挖掘或留意外围

BBC面临着来自外围的广泛而模糊的威胁与挑战。其管理人员必须"留意"广阔的外围并采取行动，理解并利用相关变化，尤其是在分销和受众消费习惯方面。这需要在许多领域分散注意力和采取行动。相比之下，在处理外围定义明确的部分时，如LED对照明行业的威胁（在第6章讨论），领导者可以鼓励组织在特定区域"挖掘"。挖掘需要更加集中地注意外围的某一特定部分，并需要迅速提升对其做出反应的能力。当然，除了LED之外，照明行业的管理者还应当更广泛地考虑其他变化。例如，与传统灯泡有关的汞污染的累积会有什么样的影响。

对于试图关注广阔外围的组织来说，危险在于这种关注可能变得过于分散了。BBC通过鼓励公司上下以某些方式关注外围而避免了这种情况。例如，该公司动员组织变得更加好奇，重点关注具体的挑战，并且广泛追踪各种趋势和品位。挖掘策略还有其他方面，但让我们更详细地检查上述三个方面，以便更好地理解这种方法。

动员组织变得更具好奇心

2004年6月，新任BBC总裁马克·汤普森（Mark Thompson）满怀激情地将公司的注意力集中在外部世界的变化上。他曾走进一家小型消费电子产品商店，看到一台价格很低的高清电视摄像机。那时BBC还在谈论高清电视，而消费者已经用上了。他认为未来就在这里，BBC需要更好地理解它。他宣布对执行委员会进行重组，并启动了一项质疑业务运营的审查。虽然公司需要削减成本，但汤普森明确表示，更大的重点应是提出问题，挑战其成员对业务的看法。上任第一天，他对BBC在英国各地的2.8万名员工表示："我们将以真诚开放的心态来处理此事，但这些问题不会消失。如果我们自己不彻彻底底地检查它们，别人就会替我们做……我们的任务将是在未来三五年内比以往任何时候都更快、更彻底地改造BBC。"

因为这个组织有着如此广袤的外围，因此，重要的是汤普森不能只给员工简单的答案。相反，他要求该组织更好地理解外围的不同方面。汤普森发起了一项名为"创造未来"的倡议，鼓励公司每个部门都着重关注那些决定其未来的变化。

这里的目标是让组织中的每个人都着眼于外围——特别是新的技术、渠道和消费者行为，以便更好地理解他自己所在的业务部门可能会如何改变。这是一种文化变革，从狭隘地关注新闻和其他广播节目到关注更广泛的领域。这种变革鼓励整个组织参与搜索和共享信息，并创造组织空间来讨论这些信号可能意味着什么。

这种文化变革促使组织的不同部门产生不同的见解和行动。例如，在试图了解年轻观众的过程中，BBC的营销人员发现，虽然年轻观众喜欢BBC的特定节目，但不会将这些节目与整体品牌联系起来。于是BBC设计了企业形象塑造活动，以提高人们的意识，并改变人们的看法，即这些观众如此喜爱的节目实际上来自BBC。挑战是在他们自己的领域内用自己的语言接触这些年轻观众。

重点关注具体的挑战

聚焦于广袤外围的问题是组织很容易不堪重负，注意力也会分散。至关重要的是必须确定优先次序并且集中关注具体的领域，同时继续促进广泛的认识。在谈到外围视野时，宝洁公司高管拉里·休斯顿（Larry Huston）回忆了他小时候在宾夕法尼亚州东部寻找印第安人的箭头和其他工艺品的经历。只用双眼进行非定向的搜索，很少能成功，所以休斯顿的父亲教他用棍子搜索，随机地把棍尖戳进田野，眼睛只盯着棍子的末端。尽管这样的搜索是随机的，但木棍的尖端将他的注意力集中在一个足够狭窄的区域，使他能够看到在更宽的范围内可能无法找到的小东西。

在BBC，汤普森创造性地采取了一些特殊的举措，以便将组织的注意力集中用来详细了解局势中的变化。这些举措不像休斯顿的棍子那样随机,但起到了类似的作用,将人们的注意力引向更狭窄、更重要的外围区域。数字技术便是这些重点领域之一(虽然一开始它只是一个相对较小的关注领域,但如今正受到BBC内外的巨大关注)。在上任一周后,汤普森和BBC董事长迈克尔·格雷德(Michael Grade)发布了一份有着9条内容的宣言,作为宪章复兴运动的一部分,该运动旨在改造BBC,以满足数字时代的需求,抓住数码时代的机遇。在他们设想的世界里,每个英国人都平等地获取数字服务,而且是以即时响应的、便携式的、个性化的方式获取服务,在其中,"从广播公司到消费者的传统单向沟通演变成了真正的创造性对话,公众不再是被动的观众,而是积极的、有灵感的参与者"。这份宣言为BBC创造了这样一种环境:在关注这些技术影响的同时,抓住数字世界的机遇不断前进。

BBC还与外部顾问合作,研究外部世界的一些变化,并在组织内部实现必要的文化改造。这使得BBC意识到,观众在采用数字录像机、维基百科和手机短信等新技术方面远远领先于BBC自己。消费者获取媒体和娱乐的方式、地点和原因发生了巨变。

BBC已经进行了各种各样的实验来回应完全不同的观众行为,如下载、互动、操纵和共同创造内容。这家广播公司研发了一种广播播放器,可以扩展网络访问广播内容。这又催生了一个互动媒体播放器和一个MyBBC播放器,允许付款人搜索和访问BBC的档案。所有这些举措都是对外围的现实考验。

广泛追踪各种趋势和品位

BBC 还聘请了能发现潮流的酷猎手来扫描和搜索，并为创意制作过程提供素材，也关注了先行者。其 CTO（首席技术官）经常访问韩国和亚洲其他地区，这些国家和地区恰好是 BBC 正在西方发展的数字世界的先驱。CTO 特别想了解 BBC 自身的业务：新的技术会对消费者收集新闻、娱乐和信息的方式产生什么影响？当人们通过手机、电脑和电视观看新闻和消遣娱乐时，最重要的渠道是什么？播客是什么？哪种类型的内容通过哪种分发渠道最有效？（例如，BBC 正在制作"手机电视剧"，将大型节目的剪辑直接发送到手机上。）在英国的经历有何相似或不同之处？

BBC 还观察了家庭中的社会变化，这带来了意想不到的见解。例如，他发现一个主要趋势是，独居的人越来越多。这导致家庭看电视更少，而个人看电视更多。即使在家庭成员众多的情况下，购买多台电视机也意味着人们只在自己的"信息茧"中生活，因此分享体验的机会更少了。这一洞见为新的节目创造了机会，这些节目可以将家庭聚集在一个电视屏幕周围。例如，BBC 重新推出了《神秘博士》（*Dr. Who*），这档节目在典型的"死区"时段（周六晚 7 点）大获成功，很大程度上是因为它能让全家人聚在一起。令整个行业感到惊讶的是，周六晚上并没有"死"，即使在媒体分裂的时代，更传统的娱乐方式也能吸引人们聚在一起。

博客也改变了 BBC 与英国乃至世界各地观众的关系。市民新闻

（Citizen Journalism）是一项重要的新发展，游客可以拍摄和分享海啸或爆炸的照片，博客写手更新新闻，交互式媒体日益强大。这种技术驱动的发展显然正在改变 BBC 与观众的互动方式。这些变化也带来了严峻的挑战，要确保 BBC 的核心价值观在这个新的"维基"世界中保持一致和持续。

这些只是 BBC 试图关注其相当广阔的外围的几个例子。在实践中，留意和挖掘外围之间的区别是一个程度问题。每个组织都必须警惕更小的重要领域，同时不能忽视大局。

来自外围的 6 条经验

像 BBC 的马克·汤普森这样必须带领组织走进外围的领导者，其指导原则是什么？我们从前面的讨论中提取了一系列的核心经验，有助于组织和个人更好地处理外围中的问题，而不会变得信息过载和备感困惑。

经验 1：外围视野更多的是关于预期和洞察，而不是预测。[①] 有效的外围视野最重要的原则之一是，这种视野总是不如焦点视野清晰。外围是模糊的，没有颜色的。弱信号的定义是不明显的。未来基本上是不可知的。然而，即使存在这些局限，外围视野也能实现

---

① 我们对待外围的方法是对马克斯·H. 巴泽曼与迈克尔·D. 沃特金斯的方法的补充。他们专注于不确定性连续体中更可预测的一端，并提供了有价值的见解，解释了为什么"尽管事先知道预测事件及其后果所需的所有信息，事件还是会让一个组织措手不及"。我们开始朝着不可预测的方向前进，然后建立一种能力，根据威胁和机遇的信号及早采取行动。

两种预期：一是面对不确定性时的准备；二是先于任何人采取行动。等到能够做出明确的预测或预见时，或许已经太晚了。监控外围的组织可以精确地定位自己。虽然我们人类对确定性和精确性有着强烈的渴望，但如果我们希望不局限于焦点视野之上，就必须适应一个模糊的世界。

经验2：*问题不在于缺乏数据，而在于缺乏好的问题*。管理者通过收集更多信息来安慰自己，但除非他们把收集信息的重点放在扩大视野上，不然，无论他们多么仔细地观察，也只有在视野足够广阔的情况下才能看到机会和威胁。正确的引导性的问题将把整个组织的注意力引向重要的地方，同时过滤掉无意义的噪声。

经验3：*积极地进行搜索，但要保持开放的心态，因为外围的东西不会总来找你*。不要坐等外围的东西来找你，通常是你必须去搜索它们。哥伦布到达美洲不仅是靠眺望大海，他还得远航。虽然被动搜索在外围视野中扮演着重要的角色，但还必须通过定向的假设和非定向的旅行去探索外围的情况。特别是，你可以使用各种工具将注意力集中在对你的公司或正在考虑的问题特别重要的外围的特定部分，如客户转移或新兴技术。主动搜索不是一次性的事情，或者说不是一年一度的事情，必须是一个利用广泛技术和方法的实时过程。

经验4：*使用三角定位来更好地理解外围*。就像我们的眼睛用三角定位来提供深度和意义一样，要理解外围，就得从周围的多个角度来观察。如果外围是混乱的，就从不同的角度观察；通过让不同的人持着不同的观点进入这个测量的过程，并且使用多种方法或技术来测量，就最容易做到多角度观察，而且，这种测量也特别重要，因为外围固有的特性是模糊和不完整的。观点的冲突和差异及多种假设有助于阐明局势的不同部分。通过这种方式，组织可以创造性地思考，"把点串联起来"。

经验5：当从外围捕捉到一些东西时，明智的做法是在跳跃之前先探测一下。 不要总是相信你从眼角看到的东西。重要的是不要急于下结论，而是花时间更多地了解外围。我们必须用定向探针放大弱信号，与此同时还得谨慎行事，通过实物期权和实验组合来保持灵活性，直到不确定性变得更可容忍为止。

经验6：平衡外围视野和焦点视野是领导者的核心挑战。 组织在对焦点领域投入注意力和资源时，往往不再将资源和注意力投入外围领域。组织必须在焦点视野和外围视野之间取得适当的平衡。在良好的光照条件下，眼睛的工作方式是将搜索外围的视杆细胞和用于焦点视野的视锥细胞的输入结合起来。视杆细胞和视锥细胞都有各自的作用；同样，组织不应将外围的活动视为一种分心的或者转移注意力的活动，将本应用于焦点视野的稀缺注意力资源转移到外围活动中来。领导者必须在组织和环境的需求基础上取得正确的平衡。有些人需要高度集中的组织，而另一些人则必须开发一个真正的"双灵巧"组织，既能管理小规模的渐进式的变动，又能领导革命性的变革。

改进的方案

如果组织的外围视野有缺陷，则必须制订改进方案。一旦发现了这些缺陷，可以采用很多种方法来解决，就像可以采用许多疗法来治疗人类外围视野的缺陷一样（见插文《治疗不良的外围视野》）。前面的章节为过程和能力提供了具体的策略，这些过程与能力可以加强组织的外围视野。

治疗不良的外围视野

如何治疗外围视野的缺陷？视网膜色素变性等导致外围视力下降的疾病的治疗方法有以下几种：（括号中注明了企业与之相似之举）。

● 从捐赠者那里移植好的视网膜细胞（招聘员工或顾问，以提供新颖的见解）。

● 移植整只眼睛（引入新的CEO或者发起重大重组，以改变视角）。

● 利用干细胞促进眼组织的生长（创建内部教育项目和倡议，在现有组织中建立更广阔的视角）。

● 使用电子或人工辅助（运用技术来增强、放大和组织来自环境的信息，以挑战现有的观点）。

检查你的视野

就像验光师每年给你发一张提醒你检查视力的卡片一样,你也要养成使用"战略视野测试"定期评估组织的战略视野的习惯(参见附录A)。你们所处的环境是否发生了变化,使得外围视野变得更为重要?你在组织能力的建设方面有进步吗?你遇到的冲击和意外事件是更少还是更多了?对整个组织的管理者使用这一测试。首先,这种测试有助于提高人们对外围视野重要性的认识。其次,它可以是一个具有刺激性的工具,能激起员工们进行讨论。我们经常发现,高级管理团队的成员对特定问题的回答存在很大差异,这是因为他们的调查方式、调查范围及与外部环境的协调程度不同。通过揭示和质疑使用的不同假设,并使它们变得明确,团队变得对外围更加敏感。最后,测试可以作为一种教育或定义的工具,帮助高级管理团队更好地理解其外围的范围和复杂性。

由于组织认识到外围视野的重要性,他们可能希望更频繁地进行这种评估,而不是一年评估一两次。他们最终也许使用更广泛的战略雷达取代当前的仪表盘,这种雷达不仅可以帮助追踪公司目前的进展,也可以监控从外围转移过来的信号。[①] 这种雷达可用来识别

[①] 在最近的一份白皮书中,斯科特·斯奈德(Scott Snyder)和保罗·J.H.休梅克为这样的雷达系统创建了模板。该白皮书描述了如何开发系统和指标,以拓展仪表板,接受不确定性,测试假设,并理解情景背景中的弱信号。

对手何时发动攻击，并确定聚集的乌云究竟是阵雨即将来临的迹象还是飓风即将来临的警告。

注意差距

附录 A 中的"战略视野测试"将帮助你评估自己的外围视野能力与你需要具备的外围视野能力之间的洞察性差距。像运动员一样，组织可能因其历史、结构和行业的不同而在外围视野方面具有一定的优劣，但他们也可以通过训练和发展来改善这种外围视野（可能比运动员更容易，因为人体的可塑性比组织弱一些）。

如果洞察性差距很大，那么下面这些摘自前面章节中的战略举措可能有助于缩小差距。

（1）**扩大或调整范围**。回顾战略规划过程，使之更加面向外部，包括探索业务的边缘。当前的组织在哪些方面缩小了对世界的看法？组织中是否存在竖井、过滤者和盲点？如何解决这些问题以设置适当的范围？

（2）**战略搜索**。确定组织如何更有效地搜索外围的不同部分。组织是否可以创建和开发一个动态的监控系统来追踪外部的事件，特别是那些不适合组织的事件？是否有机会从企业仪表盘转变为能够捕捉到弱信号的战略雷达？

（3）**改进解释**。想办法加入更多的见解来增加深度。将组织内外的不同观点整合成一种贯通的世界观。关键是采用各种方法进行三角定位。

（4）**主动探究**。确定组织怎样才能更仔细地观察重要的弱信号。如何创建期权，让组织在不至于过度投入的情况下探索弱信号？

（5）**理智行动**。基于外围的挑战，将组织的行动与环境的不确定性和竞争威胁的水平相匹配。举例来说，当你持有多个期货头寸时，要抱着实物期权的心态。

（6）**对组织重新配置**。洞察型组织需要鼓励广泛关注外围问题的领导者，需要一种好奇的策略制定方法，需要一种激励探索前沿的灵活而好奇的文化，需要发现和分享弱信号的知识体系，并且需要鼓励探索外围的组织配置和过程。可能需要重新思考的领域包括激励制度（它们是否鼓励人们接受和分享弱信号）、知识分享渠道以及招聘和晋升政策。这家组织是倾向于吸引那些天生就具有强大外围视野的员工，还是在招聘和培训时奖励那些专业技能狭窄、注意力持续时间有限的员工？什么才是适当的平衡？如果差距很大，对组织进行重新思考就特别重要。特别是改进项目应当关注我们在研究中发现的三个最重要的杠杆：领导力、激励和鼓励信息共享的配置。

（7）**重新聚焦领导**。最重要的是，领导必不可少。领导者应当言行一致，践行领导力，表现出对外围的兴趣，并且奖励员工对外围的洞察。组织应当专注于挖掘外围的特定区域，并关注更广泛的重要领域。组织还可以启动意识建设和培训项目，以提高人们对外围的敏感度，并且更广泛地引入外围视野的工具。除了具有强大外围视野的领导之外，组织还需要一个真正灵巧的董事会（既善于处理焦点视野中的问题，也善于处理外围视野中的问题）。与任何的变革行动一样，一份健全的改进计划具有以下特点。

① 从上到下涉及整个组织。

② 聚焦于能够使人们获得好结果的条件。

③ 意识到行为改变之后马上就会产生文化改造。

④ 行动胜于言语。

当然，每个组织都需要根据差距、文化、资源和其他因素制订不同的行动计划。

分配责任

组织中的每个人都可能对其外围视野有所贡献，但如果某件事是每个人的责任，往往就变成了无人负责。配置组织的一个中心问题是分配责任。组织中谁负责关注外围？应该如何设计自己的"眼睛"去观察外围？可能的配置包括以下几个方面。

（1）将责任分配给现有的职能小组。可以将搜索的任务分配给负责公司发展、竞争对手情报、市场研究或技术预测等职能的小组。风险在于，这些中层的小组可能将自己的角色局限于从其最熟悉的领域狭隘地收集和处理数据，而不是广泛进行搜索并向其他人传授所学到的知识。

（2）动员特设问题小组。CEO或执行委员会可以与董事会一同确定最紧迫的问题，然后成立单独的工作组来处理每个问题。这个过程通常借助情景分析作为指导，以识别关键的不确定性，更好地理解和监控它们。

（3）**建立高层瞭望台**。IBM组建了一个名为"鸦巢"（Crow's Nest）的小组，该小组的一项持续功能是搜索外围的特定领域，并与高层管理人员分享见解。这些领域可能包括时间压缩、客户多样性、全球化或网络。小组的责任是超越职能部门和产品上的盲目性，好比船上的瞭望台，在那里守望着前方的新陆地和危险的暗礁。

（4）**创建改变游戏规则的计划**。为了将管理者推向边缘，荷兰皇家壳牌公司在1996年推出一个名为"游戏改变者"（Game Changer）的项目，目的是鼓励管理者对核心业务以外的新机会进行设想和测试。在最初的6年里，该项目筛选了400个创意，将30多种技术商业化，并创建了3家新企业。包括纽约人寿（New York Life Insurance）在内的其他公司也推出了类似的举措，都取得了不错的效果。

（5）**投资初创企业**。大多数科技领域的大公司都有一笔资金可以投资于有发展前景的初创企业，而这笔资金可以用以监督外围的发展。投资规模可能不大，但足以让人们对新兴技术和市场有一个清晰的认识。如果创业成功，就可以行使收购期权。例如，索尼的风险投资组合中有大约900家公司。

（6）**外包**。公司还可以将运用外围视野的责任外包给外部顾问，后者可提供关于可能改变公司业务的各种因素的洞见。虽然这些外部合作伙伴能够用新的视角来观察公司的业务，但公司必须注意仔细协调，以确保这些"私人的眼睛"关注着正确的领域，并在整个组织中共享信息。

创造连贯的视野

在这本书中，我们关注了7个步骤，这些步骤可以改善组织外围视野的过程，并建立有助于增强外围视野的能力和领导力。然而，正如我们反复指出的，外围视野需要一系列的高度迭代的过程。搜索影响范围，这反过来将影响解释、探究和行动。尽管我们为了便于阐述而将这些外围视野的各个阶段分开，但在实践中并不能以这样的方式向管理者提出挑战。这些阶段是相互关联的——观察和行动是实时发生的，可供评估和反应的时间是有限的。在人类视野中，理解视野的过程是一回事，而把所有这些综合在一起，以便成功地在篮球场进行一次跳投，则是另一回事。在组织中同样如此。

我们可以将外围视野的迭代性质想象成一组相互关联的问题，如图8-1所示。我们首先问，应当关注哪些正确的问题？通过运用这种好奇心，组织开始识别可能的答案，决定自己已经学到了什么，并根据这些知识采取行动。明智的组织还会根据过去的盲点或错过的机会来反思自身弱点。当管理者关注外围时，必须提出以下问题：

- 我们应当提出什么问题（界定范围）？
- 我们应当如何寻找答案（确定搜索策略）？

- 这意味着什么（解释最初结果）？
- 我们该做什么（为行动采取灵活的姿态）？

核心是一个过程，它确定如何搜索外围以及搜索外围的什么地方。通过询问和回答这些问题，组织获得了对外围的洞察，并提出了可以深化其外围视野的新问题。

这个提问的过程得到了一系列组织的问题的支撑，图8-1展示了这些问题涉及监测什么、应当在哪里和什么时候进行、谁负责及需要哪些资源。这些问题的答案将决定管理者如何看待外围。

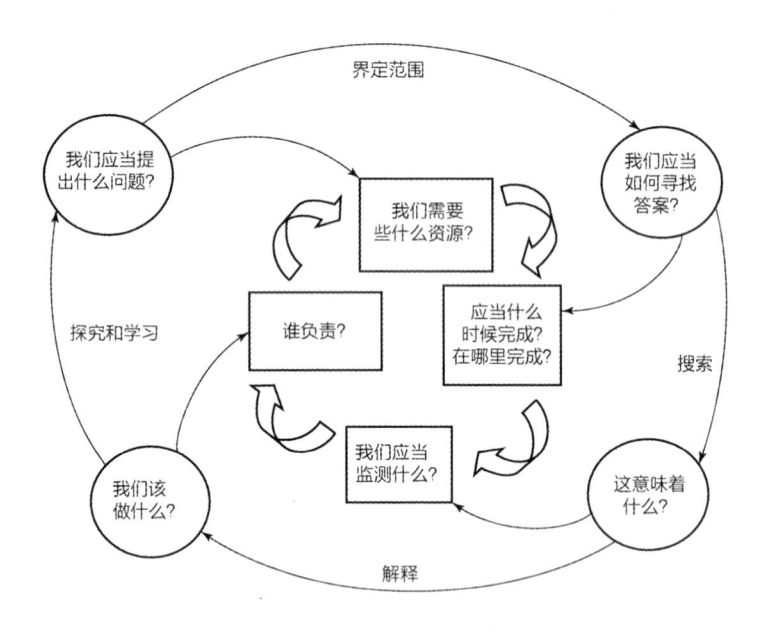

图 8-1 对外围进行探究和学习

最后，组织必须平衡外围视野和焦点视野，对这个世界形成个连贯的印象。正是这样的组织，尤其是其最高领导者，才会将这两种看待世界的方式结合在一起并加以平衡。领导者决定如何投入资源以达到最佳效果，以及如何整合来自外围和重点业务的洞察。

对变化反应最快的物种将能幸存

在组织的某个地方，可能有人捕获了关于外围中某些变化的微弱而潜在的重要信号。但你的组织在捕获和共享弱信号方面又做得如何呢？每个组织和个人都有局限，局限于我们能看得多远，局限于我们探测和处理外围弱信号的能力。我们会不可避免地忽略一些信号，因为识别它们需要具备穿墙的视力。到目前为止，拥有 X 光透视力的超级英雄只存在于科幻小说和漫画书中。

我们还必须认识到，外围视野和焦点视野是不同的。外围视野发挥作用的过程需要与焦点视野不同的能力和方法。外围的信号不那么清晰，你得运用一种不同类型的注意力。在组织中，人们无法自动地洞察外围的情况；这需要组织投入资源和注意力来改善。

虽然外围视野的复杂性和简单的食谱相比简直有着天壤之别，但我们的工作清楚地表明，可以使用外围视野来加强本书中介绍的策略和框架。即使你无法穿墙而看到东西，你也能比对手更快地意识到什么正在到来。

就像意识到潮水的突然涌出是海啸即将来临的征兆一样，及早识别这些预警信号可能意味着生或死的差别。能够有效建立外围视野的组织可以获得相对于竞争对手巨大的优势。他们能够更快地发现机会并采取行动，避免被市场、技术、法规和竞争对手搞得措手不及。做好这一点需要技巧，但随着环境改变得越来越快，变得越来越不确定，强大的外围视野带来的回报将比以往任何时候都大。正如查尔斯·达尔文（Charles Darwin）评价的那样："幸存下来的不是最强壮的物种，也不是最聪明的物种，而是那些对变化反应最快的物种。"

附录 A

战略视野测试
组织的洞察差距是什么

以下的战略视野测试（评估工具 A-1）旨在帮助管理团队更好地理解外围视野的含义。此外，这一调查还测量了组织对外围视野的需求和他从环境中感知弱信号的能力之间的差距。组织的外围视野需求将取决于采取的战略、企业的性质以及行业的环境。组织的外围视野能力取决于第 7 章中提到的 5 个因素之中你的组织具备哪些。虽然测试可以由一个人完成，但从几位高管或者更广泛团队中听取意见可能会更有启发意义。我们建议采取以下方法。

（1）让高级管理团队的成员单独回答关于战略视野测试的问题。

（2）每次测试的分数从 1 分到 7 分。完成第 I 部分（需求）和第 II 部分（能力）的所有题目。

（3）寻找团队成员之间分数的显著差异，并讨论存在这些差异的可能原因。

（4）通过查看"需求"（D部分）和"能力"（J部分）的总得分以及个别问题的得分，尝试达成共识判断（或者，如果看起来不可能达成共识，就将团队成员的得分平均）。

（5）将A、B、C部分的分数相加得到"需求"的总分，将E、F、G、H、I部分的分数相加得到"能力"的总分。

（6）使用图A-1来判断组织是脆弱型、洞察型、专注型还是神经过敏型。两项总得分将把组织归入这四个象限中的一个。"需求"的得分为96分就能区分高与低。80分是"能力"维度的临界值。

（7）如果组织保持洞察或专注，那么目前不需要做任何事情，尽管组织应当对可能增加其外围视野需求的环境变化保持警惕。如果组织"神经过敏"，就应该想办法增加注意力。如果组织是脆弱的，应当积极培养更好的外围视野，可尝试从这一测试中列出的问题和本书中讨论的策略开始。

（8）可以在www.thinkdsi.com网站上接受电子问卷调查，了解你的分数与其他150多家公司的分数进行比较的情况。

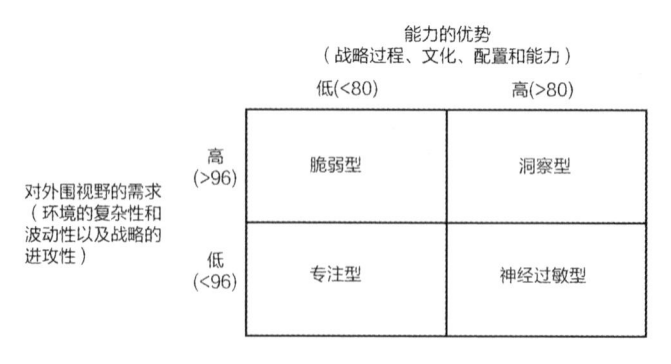

	能力的优势 （战略过程、文化、配置和能力）	
对外围视野的需求 （环境的复杂性和波动性以及战略的进攻性）	低(<80)	高(>80)
高(>96)	脆弱型	洞察型
低(<96)	专注型	神经过敏型

图A-1 外围视野与环境

战略视野测试

组织的外围视野是否需要改变,取决于当前的能力,以及战略及企业性质和行业环境等是否需要进行外围搜索。

使用以下战略视野测验的分数,我们可以评估组织是否需要及多大程度上需要改进战略视野。请尽可能诚实和完整地回答。

评估工具 A-1　战略视野测试

在开始这一调查之前,选择采用的组织视角。

(1)战略的业务单元。

(2)分公司。

(3)整个组织。

(4)其他视角。

第1部分:你需要的外围视野

A. 战略的本质			
1. 战略重点	狭窄(受保护的利基市场)	1 2 3 4 5 6 7	广泛(全球的)
2. 发展导向	适度的和有机的	1 2 3 4 5 6 7	激进的和贪心的
3. 要整合的企业数量	很少	1 2 3 4 5 6 7	许多
4. 专注于再创造	次要	1 2 3 4 5 6 7	主要(50%的营业收入必须来自近三年内开发的新产品)

续表

B. 环境的复杂性			
1. 行业结构	很少有容易识别的竞争对手	1 2 3 4 5 6 7	有许多来自意想不到来源的竞争对手
2. 渠道结构	简单而直接	1 2 3 4 5 6 7	漫长而复杂的渠道相混合
3. 市场结构	固定的边界和简单的分割	1 2 3 4 5 6 7	模糊的边界和复杂的分割
4. 赋能的技术	少而成熟（简单系统）	1 2 3 4 5 6 7	多而汇集（复杂系统）
5. 监管（联邦、州等）	最少或者保持稳定	1 2 3 4 5 6 7	众多或变化迅速
6. 行业（媒体）公众知名度	很大程度上被忽略	1 2 3 4 5 6 7	被媒体或特殊利益集团密切关注
7. 对政府资金和政治渠道的依赖	低：基本独立于政府而运营	1 2 3 4 5 6 7	高：对政治和融资环境敏感
8. 对全球经济的依赖	低：聚焦于国内并且孤立	1 2 3 4 5 6 7	高：受全球环境的影响
C. 环境的不稳定性			
1. 在过去的三年里，影响巨大的意外事件的数量	零起	1 2 3 4 5 6 7	3起或更多
2. 过去的、预测的准确性	高：与实际情况只有微小的偏差	1 2 3 4 5 6 7	低：实际情况与预测的结果相差巨大
3. 市场增长模式	缓慢而稳定	1 2 3 4 5 6 7	快速而不稳定
4. 增长的机会	在过去三年里急剧减少	1 2 3 4 5 6 7	在过去三年里急剧增多
5. 技术变革的速度与方向	可预测	1 2 3 4 5 6 7	不可预测

续表

6. 重要竞争对手、供应商与合作伙伴的行为	很大程度上可预测	1 2 3 4 5 6 7	很大程度上不可预测
7. 主要竞争对手的姿态	和平共存的心态	1 2 3 4 5 6 7	敌对（侵略性强）
8. 受宏观经济力量的影响	对价格变化、货币、商业周期、关税等不敏感	1 2 3 4 5 6 7	对价格、货币、商业周期、关税等十分敏感
9. 对金融市场的依赖程度	低	1 2 3 4 5 6 7	高
10. 客户与渠道权力	低	1 2 3 4 5 6 7	高
11. 对社会变革（如时尚、价值观等）的敏感性	低：大多数是从过去开始缓慢地变革	1 2 3 4 5 6 7	高：商业模式出现重大颠覆和变化的可能性很大
12. 未来5年内出现重大颠覆的可能性	低：出乎意料的意外事件很少，大多数事情我们可以处理	1 2 3 4 5 6 7	高：预计会有几次重大的商业冲击，但我们不知道具体是哪一次
D. 对外围视野的总体需求的自我评估			
1. 今天（当前）	低	1 2 3 4 5 6 7	高
2. 在过去5年期间	低	1 2 3 4 5 6 7	高
3. 在未来5年里	低	1 2 3 4 5 6 7	高

第II部分：你的外围视野的能力

E. 领导层的导向			
1. 外围在企业领导者的议程中的重要性	优先程度低	1 2 3 4 5 6 7	优先程度高
2. 总体的时间视野	强调短期（两年或更短）	1 2 3 4 5 6 7	强调长期（5年或更长）

续表

3. 组织中对待外围的态度	有限的和短视的（鲜有人关心）	1 2 3 4 5 6 7	活跃的和好奇的（系统地挖掘外围）
4. 乐于测试和质疑基本的假设	大部分人有一种防御心理	1 2 3 4 5 6 7	非常乐意测试关键的前提或广泛持有的观点
F. 制定战略			
1. 具有减少不确定性战略（即实物期权）的经验	有限	1 2 3 4 5 6 7	广泛
2. 运用情景思维来指导战略过程	从不	1 2 3 4 5 6 7	经常
3. 联盟合作伙伴数量	极少	1 2 3 4 5 6 7	很多
4. 战略过程的灵活性	僵化的、严格遵循日程安排和预算	1 2 3 4 5 6 7	灵活的、以问题为导向的过程
5. 用于搜索外围的资源	微不足道	1 2 3 4 5 6 7	资源众多
6. 将客户和竞争对手的信息整合到未来的技术平台和新产品开发计划中	做得不好，偶尔才整合	1 2 3 4 5 6 7	系统、完全地整合
G. 知识管理系统（特别是竞争情报/客户数据库）			
1. 关于外围事件和趋势的数据质量	差：覆盖范围有限且经常过时	1 2 3 4 5 6 7	好：广泛覆盖且及时
2. 跨组织边界访问数据	艰难：对什么数据可用的意识有限	1 2 3 4 5 6 7	相对容易：对什么数据可用的意识广泛
3. 对现有业务使用数据库	有限	1 2 3 4 5 6 7	广泛

续表

4. 向数据库提出查询的技术	陈旧且难以运用	1 2 3 4 5 6 7	先进的查询系统
H. 配置（结构和激励机制）			
1. 对弱信号的感知和行动的责任	没有人负责	1 2 3 4 5 6 7	责任清晰地分配到了项目团队或专门的小组
2. 预警系统和程序	没有	1 2 3 4 5 6 7	广泛而有效
3. 对更广阔视野的鼓励和奖励	没有	1 2 3 4 5 6 7	最高管理层表彰和直接奖励
I. 文化（价值观、信念和行为）			
1. 准备听取外围侦察兵的报告	封闭：不鼓励倾听	1 2 3 4 5 6 7	开放：鼓励倾听
2. 接触客户人员传递市场信息的意愿	不愿意	1 2 3 4 5 6 7	愿意
3. 跨部门分享关于外围的信息	差：忽视信息或者囤积信息	1 2 3 4 5 6 7	好：持续地在各个层面上分享信息
J. 总体的外围视野能力			
1. 当前——今天	低	1 2 3 4 5 6 7	高
2. 5年前	低	1 2 3 4 5 6 7	高

战略视野测试的比较结果

在设计这个"战略视野测试"时，我们应用了许多资源，包括我们自己评估组织能力而展开的工作，特别是感知市场和管理不确定性的能力（其中一些在附录 B 中描述）。我们研发的量表旨在克服调查测量的一个长期存在的问题，即不同的受访者在回答问题时可能使用不同的背景。我们通过对每个量表的最终得分给出具体的描述，帮助受访者理解我们的意思，从而将他们的答案固定在一个共同的框架中。

我们设计这个评估工具，以便它能满足"建构效度、内部一致性和外部效度"的习惯要求。为了更好地理解调查的深层结构，我们对来自不同公司的 150 多名管理者进行了战略视野测试，他们都参加了沃顿商学院和欧洲工商管理学院的高管课程；同时对来自一家备受尊敬的全球制造企业的 50 名高级管理人员进行了战略视野测试（以评估公司内部的业绩）。

战略视野测试给出了两个焦点概念——需求和能力的细粒度视图，并列出了多项内容，即使它们与其他项有一些重叠和相关。通过保留这些项目内容，我们认识到能力和环境都包含嵌入和相互交织的多个方面。一个标准的最大方差法（Varimax）旋转因子分析证实了在这些维度上没有很强的重叠。它没有揭示一个清晰的深层结构，在此结构中，一些基本因素可以很好地解释环境或能力的项。两者都是复杂的多元结构。因此，我们觉得最好保留一些项，以捕捉外围的许多方面和复杂性。我们还增加了 D 部分（需求）和 J 部分（能力），以得出整体衡量标准并在时间上进行比较。

最有趣的发现来自完成这项调查的管理者对个人需求与能力这两项各自总体判断的回归。在未来 5 年里对外围视野的总体需求的自我评估（D 部分第 3 项）的主要相关因素按统计学意义排序如下。

（1）C 部分第 12 项：未来 5 年内出现重大颠覆的可能性（平均

分为 4.2 分，但标准偏差为 1.5）（$p < 0.007$）。

（2）A 部分第 4 项：专注于再创造（$p < 0.02$）。

（3）C 部分第 6 项：重要竞争对手、供应商与合作伙伴的行为（$p < 0.06$）。

（4）B 部分第 7 项：对政府资金和政治渠道的依赖（$p < 0.08$）。

对当今总体的外围视野能力（J 部分第 1 项）最重要的相关因素如下。

（1）E 部分第 3 项：组织中（领导层）对待外围的态度（$p < 0.004$）。

（2）I 部分第 3 项：跨部门分享关于外围的信息（$p < 0.05$）。

（3）H 部分第 3 项：对更广阔视野的鼓励和奖励（$p < 0.05$）。

我们在书中的处理反映了这些关联，特别是关于外围视野能力的组成部分的讨论（第 7 章）。

附录 B

研究基础

本附录概述了我们的组织学习方法的学术基础和背景。① 由于组织中不存在普遍接受的外围视野的模型，据我们的认识，我们综合了来自多个学科的想法和见解。② 在众多的资源中，我们从决策、市场营销、战略、组织理论和经济学等领域，以及情景规划、竞争情报、市场研究、环境扫描和技术预测等更多的应用领域获得了见解。

　　我们的外围视野的概念模型是基于组织学习的一个特定观点，如图 B-1 所示。这个模型反映了组织学习的描述性现实，但在我们的书中，只为了一个规定的目的。③ 我们的组织学习方法将关于发展

---

① 本附录建立在作者前一篇文章的基础上（作者也编辑了本期特刊）。
② 一些学者对外围的问题进行了研究，并试图将其与整体表现联系起来。
③ 我们认为我们的方法类似于在决策科学领域发展的规范性建议——将描述性模型与规范性模型（如预期效用理论）相结合，以指导更实际的规范性方法的发展。

新知识和集体见解的高度规范的模型，与个人和组织在实际工作中如何处理信息的描述性模型结合了起来。①

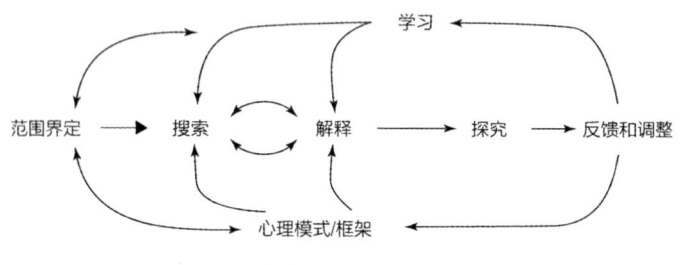

图 B-1　将外围视野作为一个学习过程

我们的总体方法很简单。我们假设个人是组织的受体，组织的内部过程最终决定了哪些问题需要关注。对于在正确的时间提出正确的问题，艰难的挑战在于个人、团体和组织层面。为了理解这些问题，我们将个人层面的判断和选择的各种已知偏见与公司层面的组织和战略动态结合起来。两种广泛的智力范式构成了我们研究外围视野的基础：第一种是个人和组织决策的信息处理范式；第二种是互补式的学习范式，它研究复杂企业对不断变化的环境的适应情况。让我们简单回顾一下每个范式，然后将它们与我们改善外围视野的特定模型联系起来。

---

① 虽然研究人员在定义和研究组织学习方面有困难，但在这里采用的信息处理观点是可以合理地接受的。

信息处理范式

自从阿兰·纽威尔（Alan Newell）和赫伯特·西蒙（Herbert Simon）关于人类问题解决的经典著作问世以来，许多研究行政行为的学者都偏向于组织决策的信息处理观点。理查德·希尔特（Richard Cyert）和詹姆斯·马奇（James March）及后来的马奇和约翰·奥尔森（Johan Olsen），还有许多其他人，都在其经典著作中有组织地应用了这个范式。詹姆斯·汤普森（James Thompson）、约翰·斯坦布鲁纳（John Steinbruner）和杰伊·加尔布雷思（Jay Galbraith）采用了组织控制论的观点，试图解释在各个不同市场及随着时间的推移而观察到的广泛系列的组织设计形式。乔治·胡贝尔（George Huber）同样使用这个模型来理解组织决策制定和战略。由于纽威尔和西蒙的努力，信息处理范式在个人层面也取得了巨大的成就，认知心理学家把大脑想象成一台存储、检索和计算能力有限的计算机。丹尼尔·卡尼曼（Daniel Kahneman）和阿莫斯·特沃斯基（Amos Tversky）在研究判断与选择中使用的搜索和估计程序的性质时，就基于这种方法。人类推理的启发式本质是认知心理学的主导主题，尽管情感和认知在审慎的和潜意识的层面上的相互作用仍存在一些深刻的、悬而未决的问题。

在将信息处理范式应用于外围视野的问题时，它提出了4个关键阶段：感知、判断、行动和反馈。在组织层面，这个过程的并行阶段可描述为信息获取、信息传播、共享解释、协调行动和集体学习。围绕这一基本框架可以产生许多变体，这些变体在学习类型（是适应性的还是生成性的）、阶段的数量（传播是解释的一部分吗）及心理表征的作用（模式识别对目的性构建）等方面各不相同。在每个阶段，审慎的和潜意识的认知过程的混合、启发式和偏见的影响，以及图式、心理模型和其他简化解释框架的作用等，仍是一些持续存在的需要研究的问题。

在认识到从组织的外围学习和在焦点区域学习之间的区别时，我们扩展了基本的过程，把范围界定——决定观察哪里，作为信息获取或搜索阶段一个外显的而非内隐的先导。初始范围内的搜索可以是被动的，也可以是主动的，这取决于组织是等待信息到来还是启动定向查询。下一个阶段是传播和解释信息以获得有益的见解。最后，必须评估这些信息是应该现在使用、存储还是忽略，然后从所采取的行动中学习。在所有的阶段，过程都是由一组存在于组织内部的心理模型或框架来指导的。

组织学习范式

第二种主要的智力观点（它造就了我们研究外围视野的方法）是组织学习范式，它与信息处理范式有许多相关的前因后果和交叉点。彼得·圣吉（Peter Senge）所著的《第五项原则》（*The Fifth Discipline*）一书可视为一个转折点，让广大的管理层读者认识到聚焦于学习的重要性。圣吉在库尔特·卢因（Kurt Lewin）、埃德加·沙因（Edgar Schein）、詹姆斯·马奇等人之前研究的基础上，将这些洞见与其他观点（尤其是系统思维的重要性）结合起来，形成了对学习型组织的全面看法。约翰·斯特曼（John Sterman）、克里斯·阿基里斯（Chris Argyris）和其他人的相关作品进一步助推组织学习成为一个独特的知识视角。这里的基本观点是，在动态的环境中，学习是复杂的而不是简单的或自动的。含糊不清的反馈、延迟的反应、多重的原因、自私的归因、缺失的数据、治疗的效果、随机的噪声，以及控制一切的错觉都在困扰着组织，使他们试图弄清楚发生了什么及为什么有时候力不从心。

当我们再把外围信号的低概率和模糊性质添加进来时，问题就更为复杂了。希勒尔·艾因霍恩（Hillel Einhorn）和罗宾·霍加斯（Robin Hogarth）等人已证明，当人们面对涉及未知风险的选择时，会表现出强烈的模糊厌恶情绪。如果让人们在面对一个恶魔和一无所知的局面之间做出选择，人们甚至宁愿面对自己已经有所了解的恶魔，也不愿意面对一无所知的局面。因此，他们既不能在高度模糊的环境中生存，也不能很好地学习。这种偏见可能在组织层面加剧，在此层面上，人们希望和期望理性及可预测性。然而，新的机会往往带来高度的不确定性，因此要求组织对不确定性有较高的容忍度。设计可以在复杂环境中学习的文化也许要求采用不同的管理原则和价值观，有别于那些使主流组织最大化所需的管理原则与价值观。因此，组织内部的学习文化和绩效文化之间就会产生冲突，高级管理人员必须找到正确的平衡。

为了认识到学习在改进外围视野中的关键作用，我们的模型包含了多个反馈环。我们试图捕捉人类与组织经历的从最初的刺激到最终的反应等各个复杂步骤，这涉及许许多多的迭代学习。在这本书中，我们从决策科学、组织理论、战略、市场营销和社会学等领域，对每个阶段和反馈回路进行了深入的探讨和及时的补救。虽然对个人和组织学习已经有了广泛的研究，但在这些学科的核心领域提出的建议可能不会轻易扩展到外围，因为有意识的注意和推理本身就是有限的。因此，我们将上述领域的建议视为可能只提供有限指导规范的灯塔。

学习过程的阶段

虽然对信息处理和组织学习的研究为我们的工作提供了更广泛的信息，我们还借鉴了不同领域的知识来理解和解决学习过程的每个阶段（见图 B-1）。

范围界定

视野的定义应该有多么宽泛？本身来讲，外围视野需要对范围做出广泛的定义，延伸到组织的焦点区域之外。因此，它需要关注组织通常可能忽略的许多方面。在认识到关注这种更广阔的焦点区域需要付出的代价后，难办的是如何将范围扩大到足以包括环境的所有相关部分但又恰好不超出这个范围（见图 B-2）。总体来讲，环境越是不确定，外围的威胁就越有可能出现，所需的范围也就越广。

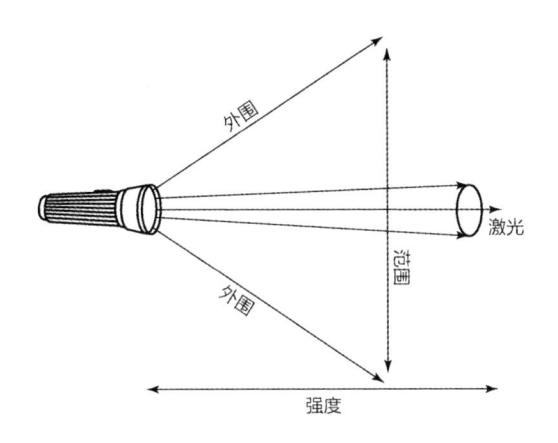

图 B-2　手电筒或激光：范围和强度的权衡

在经济学和运筹学的研究中，范围界定和搜索决策与人们在制定搜索规则时开展的大量工作有一个重要的相似之处。当乔治·斯蒂格勒（George Stigler）在 20 世纪 60 年代早期撰写关于信息经济学的开创性文章时，他考察了消费者试图为某些普通商品找到最佳价格的情形。他假设，在不同的商店中，这种商品的价格根据某个已知的概率分布而变化，然后询问消费者应当随机去逛多少家商店，以找到最佳价格。然后，斯蒂格勒在开始逛这些商店之前计算出了最佳的商店数量。最优选择是多逛一家店的边际成本超过了降价的预期收益。其他人则在斯蒂格勒的研究基础上进行扩展，他们认识到，消费者在开始随机搜索过程之前就预先承诺固定数量的商店是次优选择。因为固定的最优选择是基于某个假定的先验分布的价格差异，抽样的行为将降低对先验分布的更新。因此，最优选择是在了解了新店提供的价格后，按照贝叶斯更新过程重新解决搜索问题。当然，这种灵活的搜索规则要复杂得多，但它也能产生更好的结果。

范围界定和搜索任务同样相互关联。有一种初步确定范围的决策是根据关于外部环境中相关信号分布情况的最佳可用信息做出的。接下来，公司在该范围内进行搜索，并根据其采样情况进一步了解实际的信噪比（Signal-to-Noise Ratio，SNR）。[1] 这反过来又会导致对范围的修正，因为抽样数据与假定的先验密度函数明显不符。对于最优的搜索，我们需要可变规则而不是固定规则。我们甚至可以坚持认为，公司应在其最佳范围之外进行抽样，只是为了验证其范围的边界。应当在边界之外找到一个低信噪比，如果做不到，应重置边界。所有界定范围的决定都应是暂时的，在获得新的信息后进行修订。低信噪比使得这种连续更新难以模拟。这个问题类似于保险公司，他们专门处理真正低概率的事件（如百年一遇的洪水、极端大地震或核电站熔毁等），试图根据非常罕见的灾难性损失来更新其承保模型。到最后，我们必须依靠高级管理者的判断。

在界定组织的学习范围时，需要对环境进行初步评估，以确定相关的威胁和机会可能来自何处。在界定范围以及理解外围的弱信

---

[1] 信噪比是指一个电子设备或电子系统中信号与噪声的比例。这里的信号是指来自设备外部需要通过这台设备进行处理的电子信号，噪声则是指经过该设备后产生的原信号中并不存在的、无规则的额外信号（或信息），而且这种信号并不随原信号的变化而变化。——译者注

号并据此采取行动方面,基于情景的战略规划过程可能是一个有价值的工具。这有助于确定在时间框架、市场观点、技术观点、经济与政治问题、法律和环境问题,以及其他因素方面尽可能广泛的相关范围。

搜　　索

一旦设定了范围,学习就从搜索开始。这种搜索可以侧重于充分利用或者探索。所谓充分利用,是指在一个定义良好且相当熟悉的领域内进行定向搜索。相比之下,探索型的搜索强调进一步向外扩展的外围,并且受到真正的学习型组织典型的强烈好奇心的驱动。这里的挑战是要有开放的思维和广阔的视野。

探索型的搜索可以是主动的,也可以是被动的。在被动模式下,管理团队将天线竖起,等待接收外界信号。尽管采用这种方法的组织可能看起来与外围协调一致,但实际上也许并非如此。由于大部分数据来自熟悉的或传统的来源,这种搜索模式往往是强化而不是挑战普遍的信念。被动搜索的危险在于,它会过滤掉意料之外的弱信号,甚至无法接收它们。

主动的搜索者心怀一些具体的问题,想找寻关于他们正在探索的外围的这些问题的答案。这种搜索受到各种假设的驱动,如果涉及复杂问题,应当测试多个假设。从事主动搜索的组织更有可能组建搜索队,搜索队使用外部和内部人员组成的团队,采用广泛、系列的搜索方法。

探索型的搜索覆盖范围更广,但细节更少,这使得它对世界的粗线条的、大局的看法非常有效。相比之下,充分利用型的搜索需要更大的深度和相关资源进行深度开发。探索型的搜索和充分利用型的搜索之间正确的平衡是怎样的?一种可能的方法是同时关注细节和大局,使用强大的自上而下的视角来识别需要更多关注的领域。这种策略需要一些资源,以便在距离焦点视野较远的地方进行学习,同时也需要一种机制,以触发更加集中的注意力(在第3章中讨论的美国联邦调查局的"溅射视野"就是这种方法的一个例子)。

我们讨论的对外围不同部分的搜索方法(第3章)借鉴了不同的来源。

(1)**客户和渠道**。乔治·戴所著的《市场驱动的组织》(*The Market-Driven Organization*)概述了感知客户和渠道变化的方法,并参考了其他作品。例如,在其市场范围的外围积极寻找新产品机会的公司可能会采用领先用户分析、隐喻启发和其他技术来揭示潜在需求。杰拉德·萨尔特曼(Gerald Zaltman)提供了多种识别潜在需求的方法。越来越多的研究发现,以市场为导向的公司通常比竞争对手更能收获利润,这一结论得到了各种各样的测量指标和方法的支持。一项说明性的研究发现,以市场为导向的企业比以自我为中心的企业利润高出31%,而那些以客户为导向但不关注竞争对手的企业比以自我为中心的企业利润也高出了18%。

(2)**竞争者和互补者**。关于竞争情报的文献有许多,主要(并且适当地）是关于理解核心竞争对手的能力和意图。在这项工作的基础上，我们着眼于外围的竞争对手。

（3）**技术**。关于搜索和发展新兴技术的策略同样多种多样。我们的讨论借鉴了《沃顿论新兴技术管理》(*Wharton on Managing Emerging Technologies*)这本书中提到的各个不同领域的学术专家和从业者的见解，基于沃顿商学院威廉和菲利斯·麦克技术创新中心的研究。

解　　释

原则上，组织应当比个人更有效地提出关于弱信号含义的多个假设。然而不幸的是，组织的解释通常朝着一个单一的意义来解读。我们解释信号的方式深受自身的心理模式或思维框架的影响，而这些模式或框架反过来又影响我们未来的假设和探究。所以，外围区域的认知挑战要比我们的焦点区域大得多，因为在外围之中，我们要处理的数据更少，产生偏见和扭曲的空间更大，这些都会给我们造成羁绊。例如，要理解来自外围的潜在威胁，我们的思维模式可能的转变。我们要准备好进行创造性的飞跃，事先就各种可能性进行头脑风暴。这需要一种不那么严格和形式化的过滤方法，而不是我们在焦点区域中采用的方法。

具有讽刺意味的是，创造性地解释外围世界的最大障碍之一是人们急于在一幅本质模棱两可的图景上强加太多的秩序。因为人类不喜欢模棱两可，所以倾向于迅速锁定一种单一的世界观。一旦这种锁定发生，就像当一个光学错觉的解释突然聚焦时，我们很难逆转这个过程而看不到我们解释的图景。暂停聚焦或判断，并在不同观点之间切换的能力是解释外围的关键。组织经常试图给固有的嘈杂环境赋予太多的意义。他们最好提供多种视角。

探究与行动

虽然组织需要广泛地看待和解释外围，但也需要更谨慎地根据外围的输入采取行动。正如第 5 章和第 6 章所讨论的那样，应对来自外围的弱信号的主要方法有以下三种。

（1）*观察和等待*。当由于信息冲突而存在高度的不确定性时，或者如果公司具备成为一个快速追随者并让其他公司担当领导角色的资源时，那么采取这种被动的方法是合适的。正如康斯坦提诺斯·马克德斯和保罗·杰罗斯基指出的那样，有时候，做个"快速的第二名"比做个先行者在经济上有着更大的回报。不过，采取这种姿态，难就难在不能做得太过，从而成为忽视外部发展的借口。这将使组织成为缓慢的追随者。真正的挑战在于根据每个弱信号的潜在影响和相关的概率来检查它们。这需要熟悉情况的人士进行一些概念上的讨论，当事情变得复杂时（即涉及多个不确定性及下游决策），还可能需要进行全面的决策分析。可以通过正式方式评估新信息的价值，这些信息也许通过进一步的行动而获得，或者仅仅是通过时间的流逝而获得。

（2）**探究和学习**。随着不确定性的减少或者不作为的成本增加，需要一种更积极的方法。① 这种方法包括很多类型，从采用先进的研究方法进行专注的市场探索，到为确保对一项新兴技术的优先拒绝权而进行的实物期权协议谈判。这些举措的目标是创造或获得实物期权。虽然组织需要投入一些时间和注意力来评估产生的期权，但通常不会遇到太多和太复杂的关于期权的问题。最常见的是他们的期权缺乏创造性。这里不可能回顾有效的头脑风暴、创造力或生成期权的丰富技术集，但这些方法可以显著扩展你的可能的期权池。②

（3）**相信和领导**。当机会很有希望实现或者威胁迫在眉睫，并且组织被现有的证据充分说服时，全力投入是必要之举。要证明这种风险更高的姿态是合理的，就需要汇集外围发出的信号，并支持那些大胆行动的假设。还需要评估采取行动或不采取行动的风险，其根据往往是模糊的外围输入。

对于所有这三种姿态，组织需要提升灵活反应的能力。有助于快速而灵活采取行动的方法包括树立一种理智和快速反应的管理风格；通过快速的原型制作、小型实验和网络来降低风险；在外围行动时采用期权视角（开发期权投资组合，而不是押上大赌注）；提升组织的敏捷性。

---

① 探究和学习最类似于考特尼（Courtney）和麦肯锡的同事开发的用于不确定环境、策略和行动的有用的类型学，即"保留游戏的权利"，感知和跟随或领导可能都在塑造策略。

② 更多具体的方法可以参考其他关于创造力的优秀书籍。

学习和调整

一旦我们采取行动并开始获得反馈，就会出现学习和调整的机会。婴儿通过伸手触摸他们看到的东西来改进视力和动作。组织行动、感知和反应之间的相互作用将细化组织对其环境的理解。根据收到的反馈的类型，组织对这个世界的更深层次的形象可能需要调整，也许还得转移其焦点视野。

因为管理者的心理模型对组织的解释和决策过程产生很大影响，所以在外围的学习可能也需要这些心理模型向更深层次转变。外围的学习需要横向思维，提出不确定的问题，依靠直觉，并且通过多个视角观察数据，而不是利用分析的聚合能力以线性方式解决明确定义的问题。外围的学习需要一个持续的、迭代的范围界定、搜索、解释、行动、学习和调整的过程，借助该过程，个人和组织可以定义和改变其视野。这个过程有许多反馈回路，而且绝对是非线性的。结果是对当前的外围有了更好的理解，并且在需要时从外围向中心转移。

洞察型组织

能力是紧密结合在一起的技能、技术和累积学习的集合，它们深深嵌入组织之中，无法交易或模仿。关于洞察型组织的讨论借鉴了我们的战略视野测试和各种研究，这些研究着眼于在快节奏环境中运营的公司或者为学习而设计的组织的重要特征。[1] 戴维·德朗（David DeLong）和利亚姆·费伊（Liam Fahey）讨论了文化的重要性及其许多方面，包括价值观、规范、心智模型和行为。在不同类型的组织文化中存在着权衡，每种文化都有不同的机制来处理关于不断变化的市场环境的信息，并根据这些信息采取行动。

其他相关的书籍

最后，本书借鉴了许多从不同角度（包括竞争情报、市场研究、环境扫描和技术预测）来考察外围的管理学书籍。一些畅销书强调了考察外围的重要性，如克莱顿·克里斯坦森（Clayton Christensen）所著的《创新者的窘境》（*The Innovator's Dilemma*）、安迪·格鲁夫所著的《只有偏执狂才能生存》，以及理查德·福斯特（Richard Foster）和萨拉·卡普兰（Sarah Kaplan）合著的《创造性的毁灭》（*Creative Destruction*）。马尔科姆·格拉德威尔（Malcolm Gladwell）所著的畅销书《引爆点》（*The Tipping Point*）阐述了外围产品、创意或信息的相关现象，它们得益于非正式的人际网络，像流行病一样席卷整个社会。其他的书籍，如韦恩·布坎（Wayne Burkan）所著

---

[1] 斯坦福大学的凯瑟琳·艾森哈特和他的同事们研究过公司在高速环境下如何运营，以及他们如何在不失去立脚点的情况下在边缘进行管理；同样，彼得·圣吉也是创建广泛的学习型组织的早期支持者，他发现的许多特征在这里也适用。

的《广角视野》(*Wide Angle Vision*)、本·吉拉德（Ben Gilad）所著的《早期预警》(*Early Warning*)和吉姆·哈里斯（Jim Harris）所著的《企业超感思维》(*Blindsided*)也都涉及这个主题的各个方面。

还有一些相关的学术著作，如周春伟（Chun Wei Choo）所著的《智能组织的信息管理》(*Intelligent Organization Information Management*)、卡尔·维克（Karl Weick）所著的经典作品《组织中的意义建构》(*Sensemaking in Organizations*)，以及维克与凯瑟琳·萨特克利夫（Kathleen Sutcliffe）所著的《管理意外事件》(*Managing the Unexpected*)。哈利迪莫斯·苏卡斯（Haridimos Tsoukas）和吉尔·谢菲尔德（Jill Shepherd）合著的《管理未来：知识经济中的远见》(*Managing the Future: Foresight in the Knowledge Economy*)中有关于弱信号和解释的有趣文集。蒂莫西·纳夫塔利（Timothy Naftali）所著的《盲点》(*Blind Spot*)对政府盲点及其各种原因进行了历史性的描述。他还描述了一些被挫败的阴谋，如1944年挫败恐怖分子暗杀艾森豪威尔的企图以及在千禧年庆典期间拦截以洛杉矶为目标的恐怖分子。

克莱顿·克里斯滕森（Clayton Christensen）、斯科特·安东尼（Scott Anthony）和埃里克·罗斯（Erik Roth）合著的《看看接下来发生什么》(*Seeing What's Next*)一书侧重于帮助个人管理者预测颠覆性技术的发展，而我们的书籍研究了一些组织需要的过程和能力，用来识别在其环境中出现的这样一些模式或者其他重大转变。马克斯·巴泽曼（Max Bazerman）和迈克尔·沃特金斯（Mtchael

Watkins）在他们最近的著作《可预测的惊喜》（*Predictable Surprises*）中探索了致使组织错过信号的种种认知与社会的情形。W. 钱·金和勒妮·莫博涅合著的《蓝海战略》则突出了开发外围市场空间的机会，这些市场空间是行业中的现有企业没有认识到的。其他的书籍，如杰瑞·温德（Jerry Wind）和科林·克鲁克（Colin Crook）合著的《超常思维的力量》（*The Power of Impossible Thinking*），强调了思维模式在塑造我们在工作生活中看到或看不到的机会方面的力量。

  这些只是启发我们在前几章讨论的众多不同来源中的一部分。本书的概述并非详尽无遗——当涉及像外围一样广泛和不确定的主题时，这几乎不可能做到。不过我们希望，通过对这些背景材料的简短浏览，这些丰富的资源有助于我们对这个主题的理解，并为渴望更深入探索的读者指明道路。

附录 C

关于组织视野隐喻的说明

隐喻试图通过类比和意象来突出某些感兴趣的现象的相关特征。我们都知道，视野涉及一个远远超出了眼睛的硬件特征的复杂过程，好比延伸到大脑中的复杂软件。通过类比，我们把组织看作一个复杂的实体，在其中，解释是通过输入设备进行的，然后这些设备的信号被组合并合成意义。因为我们在本书中使用了外围视野的比喻来探讨这个复杂的过程，所以让我们简要地看看它的显著特征及内在局限性。

　　大多数人在听到"外围视野"这个词时，都会把它与来自眼角的感知联系在一起。可以理解的是，这种视野是不精确的，就像眼睛的一瞥一样，而潜意识过程在很大程度上决定了我们是否通过转头来进一步关注外围信号。因为抵达我们视网膜外围的刺激实在是太多了，因此我们很难对每一个刺激都加以注意。在大脑深处的某个地方，大脑决定什么值得关注，而这个过程又受制于有限的战略覆盖。然而，举例来说，当在繁忙的城市道路中开车时，除了注意汽车或摩托车之外，我们还可以让自己做好准备，注意摩托车骑手、过马路的孩子或动物。因此，我们可以创建一个战略感知领域，它既影响我们的视野（我们看得多宽或多窄），也影响进入我们意识的外围信号。

视野如何工作

重要的是认识到，注意力中心（即聚焦区域）的视力与外围的视力是不同的。如表C-1所示，信号的性质、解释的准确性及视野的其他特性都有很大的不同。在眼睛中有不同的受体来区分焦点视野和外围视野，这些受体有着不同的优点和缺点。从生理学上讲，视野过程开始于视杆细胞和视锥细胞的激活，这两种细胞都对光线敏感，但方式不同。虽然视锥细胞（用于焦点视野）提供清晰的彩色图像，但视杆细胞（用于外围视野）是无颜色的（这就是为什么我们在昏暗的光照条件下无法区分颜色）。人类有红色、蓝色和绿色的视锥细胞，它们用来吸收不同波长的光。而视杆细胞并不能呈现出精确的图像，却擅长检测我们视野边缘的运动，充当感知的前哨，不断地寻找值得进一步关注的信号。

表 C-1　焦点视野与外围视野的差异

焦点视野	特点	外围视野
强而稳定的信号（能见度高、可信度高）	信号的特性	微弱、间歇的信号（低能见度，出乎意料）
强信号/低噪声	信噪比	噪声多/信号少
众多，在网络中很好地连接	受体	很少，广泛地分布并微弱地连接
属于风险或不确定性的范畴	信号的不确定性/模棱两可	属于模糊或混沌的范畴
基于过去经验的熟悉解释	能够发现跨信号的模式	许多可能的、似是而非的解释，难以"连点成线"
高（利用了共同的假设）	解释的准确性	低（很少有特定的假设）
对视力有好处（看东西很清楚）	比较优势（人类视力）	适合检测运动和夜视（看周围的角落）
对于开发（执行型组织）至关重要	比较优势（对组织而言）	对于探索（学习型组织）至关重要
在策略、市场营销等方面得到了大量的分析	在组织中获得了多么良好的理解	未知领域（没有获得很好的理解）

这个硬件只是故事的一部分。视野是一个复杂过程的结果。当光线射向眼睛时，大量的视杆细胞和视锥细胞不经过太多过滤就发生反应。① 从视野中产生的初始图像可以比作电脑屏幕上发光程度不

---

① 这一讨论来自克劳斯·邦德森（Claus Bundesen）及其同事的作品，他们将视野注意的基本过程描述如下：正常的知觉周期包括两级波，一级是未选择的处理波；另一级是选择的处理波。在第一级波中，大脑皮层的加工资源随机（无选择性）分布在视野中。在第一级波结束时，对视野中的每个物体计算一个注意力权重，并将其存储在显著图中。权重用来重新分配注意力（视野处理能力），通过感受区皮层神经元的动态映射，这样分配给物体的神经元数量就会随着物体的注意力权重的增加而增多。因此，在第二级波中，皮层处理是有选择性的，分配给物体的处理资源（神经元的数量）取决于物体的注意力权重。因为更多的加工资源被投入到行为上重要的对象而非不重要的对象上，因此重要的对象更有可能被编码成视野短期记忆（Visual Short-Term Memory，VSTM）。VSTM 系统被认为是一种（赢者通吃）反馈机制，维持赢得注意力竞争的神经元的活动。

同的像素。这个最初的感官感知周期之后是第二级波，在第二级波中，大脑寻求意义，类似于自动对焦相机试图在众多像素中找到一个物体。第二级波是真正主观的，因为它反映了人们的期望、希望和恐惧。它在很大程度上依赖于模式识别，这是一种心理软件。如果你在日常生活中习惯于看到狗而不是猫，在第二级波中，如果是某个模糊的刺激可以表示这两种情况中的任何一种，那么它更有可能被解释为一只狗。由第一级波和第二级波生成的图像会频繁刷新，更新的频率（如帧率）取决于视野中发生的变化。随着这些序列帧的更新和刷新，它们在视野记忆中的存储则展开竞争，这是一个赢者通吃的过程。视野记忆的局限性是我们只能清楚地看到部分视野的原因。

在人类的视野中，这个过程很大程度上是自动的。当你走过一个繁忙的商场时，大多数外围信号都被你过滤掉了，但是一个不同寻常的、快速移动的图像——例如，从你身边经过的一个抢夺钱包的嫌疑人，可能吸引了你足够的注意力，让你回头看。通过进化，人类的眼睛在外围和中心信号处理之间发展出了一种适当的平衡，更多的细胞专注于外围而不是焦点视野。当捕食者潜伏时，眼睛所需要的只是一个接近条纹的早期预警，然后，在通过中央（焦点）视野获得更精确的图像后，大脑就会被唤起战斗或逃跑反应。

视杆细胞和视锥细胞与其他视网膜神经元的连接方式不同。例如，一个神经节细胞可以连接多达100个视杆细胞。结果，视杆细胞的输出被认为是一个整体，这导致视野模糊不清。相比之下，中央凹中的每个视锥细胞都有一条通往神经节细胞的单一而直接的道路。因此，每个视锥细胞都有自己的"标记线"通向更高的视野中心。这些不同感官的"标记线"帮助大脑区分视觉、听觉、嗅觉、触觉和味觉，因为电脉冲本身是无法区分的。这样一来，来自视神经的信号被解释为光（这就是为什么如果你的眼睛受到了撞击，最初你可能认为是一道闪光，而不是感到疼痛）。

除了视觉，人类还依赖其他4种感官来帮助勾勒出完整的画面。当然，物种的不同在于它们拥有的感觉器官的种类不同，以及它们在提供相互矛盾的信息时赋予这些信息的重要性也各不相同。例如，与蝙蝠或鳗鱼相比，人类在视野上有很强的协调性。

组织的类比

我们应该如何在组织的背景下解释视野的类比？一种方法是将组织简化为一个单一的实体（拥有一个中央大脑），他可以清楚地察觉环境的某些部分，不太清楚地观察环境的另一些部分，还有一些部分则完全看不清。模糊感知的部分构成了组织的外围，外围中的许多东西被忽略了，但有些确实值得关注。人类的注意力在传递过程中很大程度上是自动的、快速的（也就是说，我们在眼角发现了什么东西，然后转过头或继续移动，仔细看一眼）。而与人眼不同的是，组织可以更慎重地考虑他搜索什么和如何搜索（这是一个相对的优势），但同时由于组织的惰性（这是一个相对的劣势），他的

"转头"速度会更慢。我们可以通过测量组织在新刺激进入其视野后的反应时间来检验这些概念。人眼的反应时间只有几秒钟，而组织的反应时间，在组织深处或者在组织的边缘检测到时，可以从数小时（在危机模式下）到数周，甚至数月。

人们很容易把组织中的人想象成视杆细胞和视锥细胞。但视杆细胞和视锥细胞在生理上受到限制，在设计上是固定的，而人类在某种程度上可以同时发挥这两方面的作用——既增强焦点视野，又改善外围视野。不同的工作需要不同的视杆细胞和视锥细胞在功能之间的平衡，从专注于手头任务的激光束到从远处和外围收集信号的观察哨各自发挥着自己的作用。

经营工厂的运营经理通常必须把注意力集中在业绩上，而负责制订方案的战略规划者或被聘为酷猎手的营销人员则必须有很强的关注外围能力。因为人类有焦点视野和外围视野的能力，尽管两者的程度不同，所以，他们可以根据自己的角色将注意力从一种转移到另一种。

此外，在组织中，视杆细胞和视锥细胞在将信息传递给大脑的中央处理单元之前表现出更多的相互作用。目前还不清楚，我们是否可以有效地将一个组织看作在外部刺激的客观搜索和在动画像素场中寻找意义的解释性的波之间交替体验的脉动波。但在某种程度上，组织确实试图客观地审视他们的环境，然后进行一些解释并刷新他们的感知架构。不过，这个过程并不像人类视野那样同步或统一，因为人类的视野只寻找一个图像。所以，我们必须避免将员工视为视杆细胞或视锥细胞的谬论。

就我们的目的而言，视野隐喻最显著的部分如下。

（1）意义是由感官输入产生的，而感官输入反过来又促进更高层次的认知过程。眼睛就像是输入设备，而大脑相当于意义的创造者。在组织中，人既是接受者又是解释者，这就导致了一个更加复杂的局面。战略上的挑战是知道组织的弱点在哪里——是他们观察得不清楚，还是他们对每个人观察到的东西解释得不好？

（2）人类的眼睛已经进化到神经受体细胞分化成两种类型：视锥细胞负责中心视野，视杆细胞负责外围视野。视杆细胞比视锥细胞多得多，它们对物体特征的反应也不同（如颜色、形状、动作等）。这表明组织可能同样需要不同的中心视野和外围视野的受体和设计原则。这也就提出了一个问题：组织是否应当投入更多的资源来搜索外围。

（3）人类的眼睛可能会受到各种限制和扭曲（近视、青光眼、夜盲症等），这导致明显的感知障碍。这些扭曲通常可以纠正。同样，组织也可能遭受明显的"视力问题"，一旦理解了这些问题，通常也可以纠正。

（4）外围视野在某些任务中比在另一些任务中更重要。在快速移动的环境中，如体育运动或繁忙的交通，外围视野比良好的中心视野更重要。我们可以发展和训练我们的外围视野（就像比尔·布拉德利在篮球场上所做的那样），然后将其变成一种竞争优势。良好的外围视野的关键是在"返巢"和更深入探究以获得更好的洞察力之前就解除聚焦（溅射视野）。

隐喻的局限

所有的隐喻都有其局限性，这些差异突出了组织外围视野的一些显著特征。显然，人类视野的某些显著特征与组织生活是相似的，如中心视野和外围视野的区别。公司和领导者对一些事情看得很清楚，而对另一些事情观察得很模糊。同样地，外围视野对个人和组织都至关重要——每个人都需要某种程度的外围视野才能成功。这个比喻的问题在于可以施加的战略控制的程度。虽然人类可以通过使用侧镜、眼镜或其他传感设备（如夜视镜）来训练或者人为地改进外围视野，但人类视野的硬件很大程度上是固定的（实际上是退化的）。相反，组织可以有意增大其视野光圈，因为它们不太受硬件限制。特殊的团队、新的数据源、战略会议和焦点小组等，都可以用来改善焦点区域之外的感知。这意味着组织在开发外围视野方面具有相当大的灵活性，但他们并不总是运用这种灵活性。这或许是因为组织的进化不像人类的进化，人类的进化是为物种的长期生存而设计的，通常关注的是短期的业绩与生存。外围视野的投资需要与可能产生更直接回报的投资很好地取得平衡。

当我们考查外部刺激对意义的映射时，这个隐喻也就失效了。在眼睛里，信号来自外围区域还是焦点区域，是相当清楚的；这取决于光波激活视杆细胞和视锥细胞的程度。人眼各处都有视杆细胞和视锥细胞的混合，只有中央凹是个例外，那里集中了大量的视锥细胞；也就是说，当我们的视野从眼角移动到中心时，视锥细胞和视杆细胞的比例从很小差别到100%不等。对于一个组织，我们可以类似地将其视为加权平均值。例如，我们可以测量有多少人关注了一个信号，该信号在多大程度上是每个相关人员关注的中心，以及每个人在组织中的权力地位或中心地位。然后，我们可以算出一个加权分数，即某个特定的感知对量表外围和中心的影响程度，但这是相当强制的，而且比率可以通过执行命令改变（不像人眼那样）。我们的战略视野测试（参见附录A）测量了支持外围视野的各种组织能力的开发情况（与他的需求相关，这取决于环境）。其中一些能力在视锥细胞和视杆细胞水平（即组织中更好的受体）起作用，但大多数能力涉及更重要的解释和战略探究水平。因此，领导最重要。和人类的视野一样，在组织中，处于视野活动中心的人在很大程度上要对看到的东西、如何解释及如何处理这些东西负责。

读书笔记

读书笔记

——— 延伸阅读 ———

企业经营环境日益复杂，如何在 VUCA 时代迅速发现关键弱信号，先于竞争对手抓住机会，警惕并及时辨别出问题恶化的早期迹象，事关企业生死存亡。更快地预测风险和发现机会。

ISBN：978-7-5043-8986-2
定价：79.00 元

洞察型企业比竞争对手更富有远见；脆弱型企业往往错误解读了外部威胁或内部组织挑战的早期信号！企业如何分配稀缺的注意力资源，如何从数字噪声中区分关乎企业存亡的弱信号，得以更早预见、更快行动？

ISBN：978-7-5043-8815-5
定价：69.00 元

福布斯十大商业图书 张瑞敏、陈春花作序倾情推荐！
美国知名管理学者权威解读谷歌、特斯拉、脸书等高科技企业持续创新、长期创业、高速增长背后的管理秘诀。

ISBN：978-7-5043-8056-6
定价：79.00 元

这本书回答了世界之问——中国是否是一个创新型国家？美国学术权威对中国迈入"自主创新型国家"的高度共识，对海尔、百度、腾讯、小米、阿里等中国创新型企业的高度赞赏！

ISBN：978-7-5043-8016-0
定价：69.00 元

扫码购书